生活因阅读而精彩

生活因阅读而精彩

庄力◎编著

超级说服术

THE ART OF PERSUADE

瞬间说服所有人的秘笈

时事出版社

图书在版编目(CIP)数据

超级说服术:瞬间说服所有人的秘笈 / 庄力编著.—北京:时事出版社,2014.9

ISBN 978-7-80232-754-2

Ⅰ.①超… Ⅱ.①庄… Ⅲ.①说服-语言艺术-通俗读物 Ⅳ.①H019-49

中国版本图书馆 CIP 数据核字(2014)第176711号

出 版 发 行:时事出版社
地　　　址:北京市海淀区巨山村375号
邮　　　编:100093
发 行 热 线:(010)82546061　82546062
读者服务部:(010)61157595
传　　　真:(010)82546050
电 子 邮 箱:shishichubanshe@sina.com
网　　　址:www.shishishe.com
印　　　刷:北京建泰印刷有限公司

开本:787×1092　1/16　印张:18　字数:194千字
2014年9月第1版　2014年9月第1次印刷
定价:32.00元

前言

有这样一个众所周知的故事：有一次，英国著名诗人拜伦在街上散步，看见一位盲人身前挂着一块牌子，上面写着："自幼失明，沿街乞讨。"可是路人都好像没看见一样匆匆而过，很长时间过去了，盲人手中乞讨用的破盆子里还是没有一毛钱。拜伦走上前去，在盲人的牌子上加了一句话："春天来了，我却看不见她。"一句话激起了人们的同情心，过路人纷纷伸出援助之手。

由此可见，乞讨的盲人之所以有前后两种截然不同的待遇，就是因为大诗人拜伦的那句话。拜伦的那句话为什么能引发人的同情，用几个字就能说服别人慷慨解囊？因为他说到别人的心坎里去了，触到了人的软肋，人们自然愿意听从他的建议。这自然就是最高明的说服艺术了。

无独有偶，爱因斯坦也曾经提出过这样一个公式：成功 = 努力 + 休息 + 少说废话。

这也从一个侧面证明了废话是没多大用处的（当然那些为特定目的而说的废话除外）。然而我们的生活中充满了废话，这不仅浪费了我们的时间，更不能快速达成我们的愿望。

为什么会有这样的区别？为什么有些人一开口就能抓住对方的注意力，在谈话过程中巧妙引导对方的心理，悄无声息地突破对方心理防线；而有的人却只能眼睁睁地看着自己面前的人茫然地随声附和，敷衍地点头，眼神一片空洞，思绪完全飘到了其他地方……

到底怎么说才能把话说到对方的心坎里，让别人甘心情愿地听从你的建议，甚至为你的建议而积极奔走呼告？

答案很简单，你需要掌握一门独门秘籍——瞬间说服术。掌握了这个秘笈，你可以舌战群儒，可以纵横捭阖，也可以巧舌如簧，更可以口若悬河……

可这种独门秘笈在哪儿呢？就在《超级说服术：瞬间说服所有人的秘笈》中，认真研读吧，你一定会掌握瞬间说服所有人的方法！

目录 / CONTENTS

察言观色 | 第3章 读懂对方，你才能有的放矢

趁“虚”而入 | 第4章 悟透人性的弱点，你就能掌控一切

因势利导

第 18 章
顺势说服那些想改变的人

第1章 ╱ 以心交心
把话说到对方的心坎里

现实生活中，无论是求人办事还是与人辩论，我们的目的都是要让别人心悦诚服地接受我们的意见或想法。然而，这种接受既不能靠言语的暴力，也不能靠肢体的暴力。那我们靠的是什么呢？当然是把话说到对方心坎里的技巧。

◎要想说服，先要找到对方的命门◎

说服别人的关键在于“己所不欲，勿施于人”。

常言道，巧辩不如攻心。说服一个人，光有嘴皮子功夫是不够的，只有设身处地、以心交心，才能又快又准地达到说服的目的。

苏洵曾在《谏论》中讲过一则很有趣的故事：有三个人，一个非常勇敢，一个胆量平平，还有一个很胆小。有一天，有人将这三个人带到一个峡谷边，对他们说：“能跃过这道深谷的人是勇者，否则就是懦夫。”那个勇敢的人听了这话，自然不甘心当懦夫，于是纵身一跃，便到了峡谷的另一端。这时那人又说：“谁能跃过去就给谁千两银子。”那个胆量一般的人受到金钱的刺激，也一狠心，跃了过去。只剩下那个最胆小的人了，他迟迟鼓不起勇气跃过眼前的深渊。就在这时，那人放出了一头猛虎，胆小的人一看猛虎逼近，来不及多想，一咬牙，跃过了峡谷。

这个故事告诉我们，对于不同的人，要针对他的性格采用不同的方法去激发他的潜力。在沟通中也一样，世界上没有两片完全相同的树叶，每个人都有自己的特点，同时也有着独特的心理和弱点，就像每把锁都有独一无二的锁芯一样，而我们想要说服某个人，就如同要寻找打开这把锁的钥匙。所以说，说服这门艺术拼的不是口才，而是洞悉他人心理的能力。

第二次世界大战期间，某国军方推出了一种保险，只要一个士兵每月缴纳 10 元的保险金，那么如果他将来战死沙场，他的家人就能得到 10 万元的赔偿。军方原以为这种保险推出后会大受士兵们欢迎，可事实却恰恰相反，投保人寥寥无几。原来士兵们想的是，要是参加了这个保险，那么每月都要缴纳 10 元保险金，如果将来能从战场上活着回来，这 10 元钱就白交了；而万一真的牺牲了，那时候要 10 万元也没有用了，所以还不如及时行乐，拿钱买酒喝的好。

后来，军队为了说服士兵投保，特地请来一位著名的演说家。这位演说家对士兵们说了这样几句话：“孩子们，如果谁参加了保险，将来他若不幸牺牲，政府需要付给他的家人 10 万元；而对于没参加保险的烈士，政府只需要付给他的家属几千元抚恤金。想想看，政府会愿意先派哪种人上战场呢？”听了这番话，士兵们恍然大悟，纷纷掏钱购买了保险，因为谁也不愿意成为率先被派上战场的人。

这位演说家之所以能够轻而易举地说服士兵们投保，就在于他抓住了士兵的心理：谁也不在乎自己死后会有什么好处，而只关心自己是否能活着回来。正是抓住了士兵这种心理，他才打了一场漂亮的攻心战。

人心看似难以捉摸，但其实又很简单，只要我们将心比心，就会知道对方想要的是什么。只要我们破解了这一“密码”，说服就会变得非常简单。

乔纳森太太想出售自己的一套房子，于是找到中介公司来帮她销售。中介公司打出了这样一则广告：“出售牧场附近两居室舒适大房，带车库，临近运动场、高尔夫球场以及小学一所。”三个月过去了，房子还是没有卖出去，中介公司对乔纳森太太说：“看来这所房子不太受欢迎。”

乔纳森太太决定自己发布一则广告试一试，她在广告中这样写道：“我和我先生，以及我们美丽的女儿苏珊、调皮的儿子杰克，都很想念我们的家！我们深深留恋着住在这里的每一天，可是孩子们长大了，两居室已经住不下了，我们不得不搬家。如果您热爱生活，喜欢透过敞亮的落地窗去欣赏春天满院的鲜花，喜欢在夏日的夜晚与孩子们坐在花园里看萤火虫飞舞，喜欢踩着秋天的落叶在小屋周围散步，喜欢冬天围坐在火炉边的温暖，那你一定会喜欢我们的房子！希望它不会在圣诞节空荡寂寞。”令人难以置信的是，在乔纳森太太发布广告的第二天，就有六位客人前来看房，其中一位当即订下了这套房子。

乔纳森太太既不是心理专家，也不是专业的房屋推销员，却以最快的速度卖出了自己的房子。她的诀窍就在于将心比心：如果换成是你自己，一定不会想要一套冷冰冰的房屋，而是想要一个温馨的家！正因如此，她在广告中主打了“家”的概念，从而吸引了那么多的买房人。

◎在合适的时机说合适的话◎

能说并不一定会说，会说的人一定能把话说得恰到好处。

能说话并不等于会说话，说得多并不等于说得好。在很多事情上，你说得越多，反而越没用。真正会说话的人是会揣摩、会解读、会迎合别人心理的人，他知道如何在合适的时机把合适的话说到人家的心窝里去。

马克·吐温身边发生过这样一个小故事：有一次，他参加一场募捐活动，起初他听着活动组织者的演讲，很受感动，决定捐款。十分钟过去了，这位组织者的演讲还没有结束，他有些不耐烦了，决定只捐些零钱。不知又过了多久，当这位组织者的演讲终于结束时，马克·吐温不仅什么也没有捐，反而偷偷从募捐的盘子里拿走了两块钱。

难道马克·吐温是成心想要那两块钱吗？当然不是，只是他的耐心一再受到组织者那冗长的讲话的挑战，已经到了极限。可见，话并不是说得越多就越有用，反之，冗长而无聊的讲话常常会起到反作用。

《墨子》中有这样一段话，很能说明问题：子禽问曰：“多言有益乎？”墨子曰：“蛤蟆蛙蝇，日夜恒鸣。口干舌擗，然而不听。今观晨鸡，时夜而鸣，天下振动。多言何益？为其言之时也。”

这段话的意思是，子禽问老师墨子：“多说话有好处吗？”墨子回答说：“蛤蟆、青蛙、苍蝇，日夜叫个不停，叫得口干舌疲，也没有人去听。但是再看看雄鸡，在黎明按时啼叫，所有人听到它的叫声都会起来劳作。那么多说话有什么好处呢？重要的是话要说得切合时机。”

墨子这番话说得很有道理，在人际沟通中，很多事情说得再多也是徒劳的：说得太多，往往显得啰唆，就像《大话西游》的唐僧一样，喋喋不休，让人失去了耐心；而话说得再好听，如果说不到点子上，说不到对方的心里，也只是漂亮的套话，没有任何实际意义。因此，一番话要说得有用，关键在于两点：第一，要选择合适的说话时机，就像墨子所说的雄鸡那样，“时夜而鸣，天下振动”；第二，要准确把握听者的心理，把话说到对方的心坎里。

1981 年世界杯排球赛最后一场，中日对决。女排姑娘们轻松赢了第一、二局的比赛，兴奋不已，结果在接下来的第三、四局中章法大乱，严重失利，连续输了两局。这个时候，主教练袁伟民心急如焚，一再请求暂停比赛，向队员们面授方法，却完全没有作用。如果局势再这样发展下去，冠军就要拱手让人了。怎样才能让队员们镇定下来，在接下来的比赛中扭转战局呢？在这千钧一发的时刻，袁伟民将女排姑娘们聚在一起，对她们说道：“你们要知道，我们是中国人，我们代表着整个中华民族，祖国的人民在电视机前看着我们，我们要拼，我们要搏，我们要大获全胜。这场球拿不下来，我们要后悔一辈子！”就是这么简单的几句话，一下震醒了女排的队员们。在接下来的比赛中，姑娘们一鼓作气，奋力拼搏，最终战胜了日本队，赢得了世界冠军！

袁伟民教练就是用这样干脆利落的几句话，让女排姑娘们重拾了信心和勇气，进而改写了女排的历史。试想，如果当时袁教练采用的是长篇大论的说教，恐怕难以达到这样的效果。

所以说，我们不是为了说话而说话，而是为了达到一定的目的去说话。如果说出来的话根本进不到别人心里去，那这番话即使说得再好、再对，也只能被称之为废话。反之，即使只说出了一两个字，只要能让别人接受、信服，那便是一字千金。

◎必须显示出你对对方的重视◎

重视别人，你才能事半功倍。

心理学家弗洛伊德说：“每个人都有想要成为伟人的欲望，这是推动人们不断努力做事的原始动力之一。”人们生活在社会这个大家庭中，每天都在努力往高处爬，没有一个人愿意默默无闻，不为人知晓。这是因为，渴求别人的重视是人类的一种天性和本能。在说服的时候，如果利用人类的这一本能，则会达到事半功倍的效果。

有一位老总想让一个下属到偏远的分公司任职，但又担心下属因此产生被遗弃的感觉，影响工作情绪。为了避免这种情况发生，老板是这样和下属说的。首先，老总把下属即将要去的地区的经济状况、营业状况说得一团糟，但又极具挑战性。然后，他拍着下属的肩膀，用充满信任的语气说："如果再这样下去，我们的分公司就得关门大吉了。值得庆幸的是，公司有你这个不可多得的人才。只要你到那里，分公司一定能够起死回生。其实，我也不想让你走，但公司又实在不想放弃那个市场。"

这位下属听了上司如此推心置腹以及器重他的话，不但没有感到委屈，反而信心满满地上任去了。这便是很好地利用了人类渴望受到重视的心理。俗话说，"士为知己者死"，有人如此看重自己，自己还有什么困难是克服不了的呢？

现实生活中有些人之所以很难说服别人，就是因为他们忘了这个重要的原则——让他人感觉到自己很重要。他们往往喜欢表现自己，一旦事情成功，他们首先看到的就是自己的功劳有多大，其实这就是在向别人表明："你们确实不太重要。"这样做的结果便是，无形之中伤害了别人，导致别人不愿继续合作，最终损害的还是自己的利益。

其实，我们遇到的每一个人都会在心里认为自己在某些方面比别人更优秀，而一个绝对可以赢得他的心的方法是，以不着痕迹的方式让他明白自己是个重要人物。

小李与小王是好朋友，一次小李在工作中遇到一份材料要翻译，可他自己没有时间，于是马上想到了英语水平很好的小王。下面是他们二人的对话。

小李："小王，最近气色不错嘛，听说你挺清闲的？我可就没你自在了，整天忙得要死！没办法，能者多劳嘛，嘿嘿。这不，手头又有一份资料要翻译，我哪有那么多时间啊，正好你闲着，就帮我翻译一下吧，这礼拜就要噢！"

小王："这礼拜？恐怕我没有时间帮你翻译了，公司下周有一个重要会议，我得准备材料。你的英语水平那么高，何不自己翻译呢？我连本职工作都没做好呢，还是别给你添乱了吧。"

上例中的小李想说服小王帮他翻译材料，可是他的言语中没有一点诚意，反倒有意无意抬高自己而贬低小王，这样怎么可能说服得别人帮自己呢？

再让我们来看看成功的说服方法。

小李："小王，最近有空吗？我手头上有一份特别重要的材料要翻译，我水平有限，怕翻译不好，你的英语水平那么高，可否抽点时间帮我这个忙？"

小王："别这么说嘛，咱们多年的朋友，这点小忙我还能不帮？交给我吧，保证让你满意！"

那么，同样是请求帮忙翻译，为什么这回小王很轻松地答应下来了呢？就在于这回小李在请求小王帮自己做事时，充分肯定了小王的能力和价值，让小王的自尊心得到了充分的满足，他还怎么忍心拒绝小李的请求呢？

所以，我们在说服别人的时候一定要让对方听了高兴，而给予对方充分重视则是让他高兴的最好方法。如果被说服的人感到自己的需求得到了充分的满足，那么哪怕是"不合理"的要求，他也会欣然接受的。

◎要学会见什么人说什么话◎

要想说服一个人，得学会对症下药，用他喜欢的方式去说服他。

由于性格、成长背景、社会地位的不同，每个人都会有属于自己的语言习惯，当我们想要说服一个人时，首先要用他的“语言”和他说话，这样才能迅速拉近彼此的距离，加强对方与你合作的意愿。

话说当年，明太祖朱元璋建国后，有一天突发奇想：江南之地已归已有，不如叫画工将江南山川画于殿壁上。于是，他召来画工，命其作画。画工闻言，面露难色：“回陛下，臣未遍访江南江山，且才识浅薄，不敢奉诏。”皇上听闻，勃然大怒：“小奴才，胆敢违旨抗命，该当何罪?”于是，他立刻命令刀斧手将画工推出去斩首。大难临头之际，画工急中生智道：“陛下息怒。您遍历九州，见多识广，而且江南是您的江山，您了如指掌，劳陛下先画个轮廓。”皇上一听，果然转怒为喜，挥笔画了一个轮廓，接着命令画工开始润色。此时，画工低头回道：“陛下江山已定，他人岂可染指。”这话说得皇上心头大喜，不但免去画工死罪，还赏了他一笔银两。

画工先前说的是一句实话，却引来了杀身之祸，为了保命，只得迎合皇帝性情，结果皇上果然很受用，这是因为皇帝高高在上，见不得别人违抗他的命令，但若把他和江山社稷联系起来，便大大满足了他的心理需求。

一样米养百样人，不同的人，由于性格喜好有别，加之生活阅历有差异，会渐渐养成自己一套独特的沟通方式。如果我们能够循着这种风格与他们沟通，那么对方就会觉得很自然、很舒适，交流起来自会事半功倍。反之，如果我们不注意、不尊重对方的沟通习惯，而是我行我素，你说东、我说西，那就很难合拍，彼此看对方都会觉得碍眼，这样的话，就很难把话说到一处。

有一个饭馆的生意特别红火，靠的不仅是物美价廉，更有赖于老板的“见什么人说什么话”的服务态度。比方说，看见工人模样的顾客，老板会热情地说：“大兄弟，忙了一天吧，这人是铁、饭是钢，看看今天想吃点啥?”要是来了位白领模样的客人，老板会说：“欢迎光临本店，先生，这是菜单，您看看需要些什么?”若是来了老年人，老板会说：“大爷大妈，您里边坐，地板刚拖过，有点滑，您当心，我们店有几款松软可口的菜，您要不要尝尝?”就像这样，老板对每一位顾客都是用他所习惯的语言，顾客听了心里舒坦，下次自然还会来。

《红楼梦》中八面玲珑、精明强干的王熙凤可以说是一个见“什么人说什么话”的典型。还记得林黛玉初进贾府，凤姐第一次见到黛玉时是这么说的：“天下真有这样标致的人物，我今儿才算见了！况且这通身的气派，竟不像老祖宗的外孙女儿，竟是个嫡亲的孙女。”这几句话，看似简单，实则大费心机，短短几句话，把方方面面都照顾到了：一上来先用“天下”这么夸张的词语把黛玉捧上了天，刚来贾府的黛玉年纪尚幼，听完这些蜜语甜言，纵使表面谦虚，心中也是喜不自胜的；但是夸黛玉，也不能让贾府的四姐妹没面子，于是，凤姐后头又说，黛玉的气质，完全就像是贾母的亲孙女，这让当时在场的惜春、迎春、探春和贾府的长辈们听到了，那叫一个舒坦，心里都美着呢；而位高权重的贾母本就喜爱黛玉，现在听凤姐这么一说更是笑得合不拢嘴了。凤姐短短几句话，却收服了所有人的心，说她长袖善舞、玲珑剔透，真的一点也不为过。

我们要说服一个人，必须首先获得这个人情感上的认同，而要获得情感上的认同，首先要让对方感觉你和他是一样的人。因此，只有用对方最习惯、最乐意采纳的说话方式去说服他们，才会达到我们想要的效果。

◎找到对方的弱点，一举“收服”他◎

想说服别人，先要找到他的弱点。

卡内基和加里在任卡内基钢铁公司首脑时，都希望金融界大亨皮尔帕特·摩根能够收购卡内基公司，这样他们就能从中获得巨大的利润。令人遗憾的事，他们都未能成功地说服摩根。

后来，什瓦普出任卡耐基钢铁公司的首席执行官，卡耐基便把说服摩根的任务交给了什瓦普。

什瓦普上任后，被纽约多位银行家邀请出席一个宴会。于是，什瓦普对银行家们说，他非常仰慕摩根先生，希望能在宴会上见他一面，请他们一定邀请摩根先生出席。

宴会那天，摩根果然应邀出席了。在宴会上，什瓦普做了一场十分精彩的演说。他对自己所从事的钢铁行业的美好未来进行了展望，描绘了一幅令人神往的图景。同时他还指出，公司与公司之间的合并将会成为一种商业主流，因为这种方式不但能够提高效率、促进良性竞争，更重要的是，它能够为发起人创造巨大的财富。当然，什瓦普并没有流露出演说是专门为摩根而设的痕迹，只是很客观地描绘了公司合并会带来的巨大利益。

什瓦普才华横溢、口若悬河，连摩根也情不自禁被他所描述的那种巨大的利益吸引了，以至于在宴会之后主动找到什瓦普，向他了解情况。经过和什瓦普的进一步交流，摩根毅然以 4.92 亿美元的价格收购了卡耐基钢铁公司。就这样，什瓦普促成了一家坐拥数亿资产、规模宏大的钢铁公司的诞生，他本人也成为这家公司的总经理。

什瓦普之所以能够成功，正是因为他了解摩根作为金融业巨子对于金钱的欲望，并成功地激发了他的欲望，使得他在欲望的驱使下主动与他进行了合作。

心理学家哈瑞·欧佛斯在他的著作《影响人类行为模式》中曾说："人类的一切行为，皆来自某种特定的欲望。无论在商场、家中、学校还是政坛上，只要能学会如何去激发对方的欲望，定能支配整个世界，获得广泛的支持，否则必将孤独无助。”

美国黑人成功人士约翰逊曾深有体会地说：“有些事能够打动任何一个人的心，使他答应你的要求。这种事可能是一种梦想、一个希望，或者是对一个人或一件事的承诺。”每一个人都有特殊的欲望，这个特殊的欲望就是他特有的弱点，只要抓住了人们心中真正的欲望，就能让他们乐于与我们合作。

横扫欧洲大陆的拿破仑，正是掌握了抓住别人欲望的法则，才笼络了大批意大利士兵随他转战南北，为他效命。

当他面对一群饥肠辘辘、衣衫褴褛的意大利士兵时，这位年仅二十五岁的法国将军对他们说：“兄弟们，我要带你们去世界上最富足的地方，那里到处都是繁华的城市和富饶的乡村，在那里，你们天天可以吃上美味的面包、香气四溢的烤鸡，再也不用过这种衣不蔽体、食不果腹的日子!”就这样，拿破仑激起了士兵们对温饱的强烈渴望，从而使他们心甘情愿地跟随他。

占领米兰后，士兵们再也不必为衣食担忧了，拿破仑又开始摸索他们新的欲望点，继续激励他们。他使用“历史的创造者”、“故乡的英雄”、“亲人们引以为豪的勇士”等振奋人心的词汇激发出士兵们建功立业的雄心。

在埃及的金字塔下，他说道：“兄弟们，四千年的历史都在等着你们!”这恰恰能把握住士兵们渴望名垂青史的欲望，又一次激发起他们的熊熊斗志。

在进攻莫斯科之前，他再一次发现了士兵们心灵最深处的渴望。他说：“弟兄们，攻破了这座城，我们就会有充足的供给和温暖的营房了。

我们就可以满载着战利品和荣誉衣锦还乡，与家乡的父老欢聚一堂，共享天伦了！”他说的正是士兵们想要的，他们自然拼了命也要完成他布置的任务。

拿破仑的无数指挥战斗的实例说明，他非常擅长将自己的军事计划和士兵们的欲望密切地联系在一起。他正是利用“欲望”的“咒语”让士兵们为他赴汤蹈火、万死不辞的。

因此，当你想让别人做某件事情的时候，首先应该想办法激发他去做的欲望，然后再让他知道做这件事可以满足他的欲望。比如，你想让一位朋友和你一起去露营，你可以对他说：“一连工作了这么多天，累坏了吧？想不想漫步在广阔的天空下，坐在清澈见底的小溪边听水流动的声音，在青草的清香中入睡，在篝火旁闻食物的香味……那么，我们周末一起去露营吧！”

◎矮人面前莫说短◎

给人留面子，给自己铺后路。

说服一个人最好的结果，是让对方心情愉悦地接受我们的要求，而不是迫于压力而不得不接受。因此，处处给他人留面子是说服的重要技巧，也是成功说服的重要保证。

有这样一个真实的故事：2009 年，一个年轻人大学毕业后进入广州的一家公司，成为那家公司唯一的大学生。工作不到一年时，他听到厂长在车间开会时说了这样一句话："有的员工学历高，但是你又有什么本事？有本事的话还在这里做一名普工、生产工？我年薪几十万，在这个厂里除了老板以外我可以随便修理任何人。"这个年轻人认为厂长是有意针对他，而厂长说的又恰恰是他的痛处。后来厂长又说了两次类似的话，他再也忍受不了，一怒之下犯了杀人的罪行。

这件事一时成为社会舆论的焦点，谁对谁错，众说纷纭。但它留给我们一个血的教训——打人不打脸，骂人不揭短，伤什么也别伤别人的自尊心。有时候，说者无心，听者有意，你不经意间的几句话，对他人造成的伤害可能却很深很深。

俗话说，"树要皮，人要脸"。确实，一个人无论身份地位如何，都有自尊心，没有人愿意和一个让自己丢了面子的人合作。说到底，说服的过程其实就是双方在思想与感情上相互交流、相互磨合、相互认同的过程。你对我越是尊重，我也越会百般重视并认真权衡你的想法与意见；反之，如果你只是逞口舌之快，根本不顾及我的面子与尊严，那么我也没必要尊重你，即便你占一个理字，我也不愿意买你的账，如此一来，莫谈说服，恐怕连正常的交流都困难了。

有一家公司刚接到一个新项目，部门经理把这个任务交给了手下的一位骨干员工。员工一天一夜没合眼，终于制订出一套方案，立即赶到部门经理那里去汇报，不料部门经理只是略微扫了几眼，就一脸不满意地数落道："你看看你做的是什么方案？毛病那么多，根本没法看，赶快拿回去改，要快，整个公司就等你一个人！”员工一夜未睡，听了这话自然火大，但还是压抑着心中的怒火，问道：“请问哪里需要修改？”经理瞪了他一眼，大声道：“哪里需要修改？你自己不会想啊，都问我，那要你做什么？真是脑袋进水了。”员工终于愤怒了，将方案往经理的办公桌上一扔：“我脑袋进水，您聪明，这案子您自己做吧！”

两人大吵起来，最后闹到了总经理那里。总经理拿过方案，认认真真地看了两遍，又拿笔在方案书上写写画画了几处，对那位员工说：“你的方案思路是对的，重点也抓得不错，并且很有创意，要说不足嘛，主要是细节做得还不太到位，有几个问题我已经给你标出来了。有一个问题我不得不说你啊，你是老员工了，经理批评一下就撂挑子，这哪能行，咱们是骨干员工，就得有骨干员工的气度嘛。好了，我知道你为这方案熬了一天一宿，先回家休息一下，然后集中精力将这几处改一改，你看行吗？”总经理的一席话，让这位员工心里暖烘烘的，他当即承认了错误，并且顾不上休息，立刻按照老总提的几点建议着手修改方案。经过改动后，这份方案书被老总一字不改地采纳了。

在这个故事中，员工和部门经理的矛盾就在于，部门经理不顾员工的颜面，非但否定了员工的劳动成果，还侮辱了员工的尊严，受到这样的对待，也难怪员工要“撂挑子”了。而总经理则是在充分肯定员工的基础上，指出了他的不足之处，让员工感觉自己受到了应有的尊重，也就很愿意承认错误，继续工作，并且努力把工作做得更好。

所以说，说服不是辩论，不需要唇枪舌剑、针锋相对、得理不饶人，更不是非要把对方驳得颜面扫地、哑口无言不可。说服的最高境界是让人发自内心地接受我们的话，丝毫不觉得被侵犯，简而言之就是让人心服口服。要让人心服口服，有理有据还不够，更重要的是要懂得尊重人、关心人、包容人，顾全他人的面子与感受，只有这样，他人才会投桃报李，给我们想要的结果。

◎真诚和关爱是最好的名片◎

要想说服别人，就要让对方从心底感受到你的真诚与关爱。

在很多人眼中，说服一个人就好比打仗一样，一鼓作气，再而衰，三而竭，似乎只有铆足了劲猛扑上去厮杀一通，才能让别人知难而服软。然而事实并非如此，人大都吃软不吃硬，我们越是气势汹汹，对方越是会反感排斥。反之，我们如果多关照一下他人的心理与情绪，让对方能够体会到我们真诚的关爱，那么对方是很有可能领这份情的。而对方只要领了情，就更容易认同并接纳我们的想法与意见，这样一来，说服就会事半功倍。

让我们再来看一个发生在公司中的小故事吧。

某公司经理要将一位下属从市区派往近郊区工作，这样的调动没有几个人会热烈欢迎的，可是经理却巧妙地说服下属接受了这个调动。首先，他对下属说："公司前一阵开会了，在区域分配上进行了重新划分，老板亲自点将，把你派到远郊区的分公司。"下属听到这里，心都凉了。经理接着说道："你业务开拓能力在公司是数一数二的，郊区市场目前还是个空白，只有你能把市场做起来。不过，我跟老板详细说明了你的情况，你一直在市区工作，家安在市里，女友也在这边，如果把你调到远郊区的话，会给你造成很大的麻烦。所以，我跟老板争取了一下，把你从远郊区改派到近郊区，派其他同事去远郊区。"听了这番话，下属的心情好多了，对经理连声称谢。这位经理又添了一句："我知道你在近郊区上班也会有一些不方便，所以每个月给你特批 500 元的交通补贴，平时多回来陪陪你的家人和女友，要公私兼顾，你看没问题吧?"这一下，下属完全心悦诚服，二话不说就接受了新的工作安排。

从这个事例我们可以看出，无论你想让对方做多么棘手的事情，只要能让对方感受到你的关爱和真诚，说服对方就不再是难题。这是一种互惠的心理，以恩报恩，以情还情，你对别人付出关爱，别人心中就会觉得有所亏欠，所以在接受你的劝服时就会更情愿、更积极。

一位医生曾经讲过这样一个故事。

在一个大雨天，他开车去接孩子放学。到一个十字路口时，由于车子的挡风玻璃上满是雨水，所以他看不清楚周围的车流，但他确定信号灯是黄灯，于是踩了油门，尾随前面的车冲出了十字路口。突然，他的车子撞上正前方一辆正在行驶的摩托车，开摩托车的人大叫一声后摔倒在地。他赶紧下车，想问问对方的伤势如何。对方看到他下车，不等他开口就破口大骂，说他闯红灯违规，是存心要撞死人。

医生抬头一看，信号灯已经变为红灯了，真是百口莫辩。他看了看眼前这位骑摩托车的青年，年纪也就二十出头，看着挺正派，应该不是恶意敲诈的人。于是，他走上前去，俯下身子，扶青年坐起来，又用手轻轻扶住他的右腿，友善地说："我们先不要说谁对谁错，我刚才看你右腿好像撞了一下地，我是医生，请你相信我，我帮你看看有没有受伤。你的腿能试着动一下吗？"那位青年没有料到，"肇事者"被自己大骂一顿后还在关心着自己的身体。于是，他活动了一下右腿，发现没有大碍，一时间也不知道该说什么好。

医生见青年没有大碍，又开口说："人没受伤就好，那你看这件意外要如何处理？我的意见是叫警察来，谁对谁错让警察来判断，后续问题我也会找保险公司来处理。你放心，如果是我的错，我会负全责，只是可能要花你一点时间，先等警方做事故现场鉴定，然后再做笔录，再等保险公司的人来谈理赔，可能要花五六个小时……"医生的话还没说完，那位青年便爬起来，检查了一下摩托车，见没什么严重损毁，只是溅了满车的泥，便冲医生笑了笑，说了一声"算了"，然后一踩油门走了。

大事化小，小事化了，就是这么简单。试想，如果医生面对青年的责骂，一味地推卸责任、据理力争，结果只能是青年不依不饶，两人的矛盾越闹越大，没完没了。而这位医生采取了软化战术，从关心对方开始，先让对方的情绪平复下来，进而动之以情、晓之以理，使得青年被撞后受到的惊吓和愤怒得到缓解，最后主动化解了矛盾。

第 2 章 ╱ 推己及人
要想说服别人，先说服自己

有人说“说服别人容易，说服自己最难”，因为自己才是自己最大的敌人。无论你要干什么，要往哪里走，首先要过的都是自己这一关。反过来说，逃避自己就是逃避生活。所以说，要想别人接受自己的思想，自己应最先接受自己的思想。

◎要学会“胸有惊雷而面如平湖”◎

要记住，你所表露出的情绪都应该为说服服务，其他的就埋在心底。

我们可以设想一下，在说服别人的过程中，会有许多意想不到的情况引起我们的情绪波动。比如：当他人无理地反驳我们的观点时，我们会气愤；当他人表现得无知时，我们会心生不屑；当他人终于对我们表达出认同时，我们会欢欣鼓舞……然而，所有这些情绪都需要很好地掩饰起来，或有控制地流露，而流露的目的也必须是为了更好的说服。

掌控情绪是一种重要的能力，也是人区别于动物的重要标志，它依靠的是人类的理性。理性是人类最宝贵的品质，它使人能够超越本能，战胜自己，获得成功。反之，没有自制力的人终将一无所成。

第二次世界大战期间，一个美国间谍被敌军捉住了，他立刻装聋作哑，任凭对方用什么样的方法诱惑他，他都不为所动。经过漫长的审讯，双方都已十分疲惫了，最终，审讯人员对他说："好吧，看来我们从你这里问不出任何东西，你可以走了！"

令人意想不到的是，这个间谍仍然站在原地，一动也不动。因为如果他真的转身就走的话，敌军会当场识破他的聋哑是假装的。所以他依旧毫无反应地呆立在那里，仿佛完全不曾听见那个审问者的话。

原来，审问者说要释放他是一个计谋，就是要测试他的聋哑是不是装的，因为一个人在长时间精神紧张过后，突然听到自己自由了，一定会放松精神，露出马脚。那个间谍却没有中计，依然毫无反应，仿佛审问还在进行，这使得审问者最终相信他确实是个聋哑人，只好说："这个人如果不是聋哑人，那一定是个疯子了，放他出去吧！"就这样，间谍被释放了。他依靠职业间谍超凡的情绪自控力在关键时刻拯救了自己的生命。

控制自己的情绪不是一件容易的事，人们在激动的时候往往会让本能占了上风，然而想要做一个说服专家，控制自己的情绪是需要学习的第一课。如果你还不能很好地掌控自己的情绪，那不如从身边的小事做起，慢慢练习，直到有一天能做到"胸有惊雷而面如平湖"，那么成功便会主动向你走来。

◎逻辑要严密◎

要想说服别人，首先你得是个清醒的人。

我们说话用的是嘴，但控制说话内容的是我们的大脑。说话的过程，实际上就是把思维的结果表述出来的过程，说话交谈就是从内部言语向外部言语转化的过程。

确定说什么是一种思维活动，它的过程是这样的：思想→句子→词汇→语音。这个过程是完整的，任何一个环节出了差错，都会影响表达的进行。因此，从思维到语言的转化过程十分重要，进行这方面的基础训练有利于增强我们对语言的控制能力，从而更好地驾驭语言，发挥语言的魅力。

1. 定向思维训练

定向思维是指按常规恒定模式进行的思维。定向思维的训练可培养我们的逻辑思维，有助于养成深入分析问题、透过现象看本质的良好思维习惯。

为了使思维有条理，可在表达中插入一些常用的言语链。比如，关联词“因为……所以……”、“于是”、“之所以……因为是……”我们可以按时间的先后和位置的移动进行表达，也可以采取先总后分、先分后总等方式练习。

2. 逆向思维训练

逆向思维是与常规模式相反的思维模式，也就是反过来想一想。进行逆向思维训练能培养从不同方面想问题以及提出不同见解的能力。例如，我们熟悉的司马光砸缸的典故中，司马光的伙伴落入水中，如果按照定向思维，会认为应当把小孩从水里捞出来，可是由于水缸非常高，司马光和其他孩子都不可能把伙伴捞出来，于是司马光采用逆向思维，砸破水缸，让水流出来，及时挽救了伙伴的生命。

逆向思维可以从身边小事练习。中国有句名言：塞翁失马，焉知非福。当你遇到好事时，要反思其中不好的趋势；当你遇到坏事时，能从中发现好的一面。这也是逆向思维的一种有效运用，不仅有利于事情的长远发展，而且可以让自己获得心理平衡。

3. 发散思维训练

发散思维是让想法朝向多个可能的方向扩散，从而达到创新的一种思维方式。这里介绍三种训练方法。

(1) 链接法

接故事训练法。戴尔·卡耐基训练学员即兴演讲时就常用此法。首先让一位学员开始叙说一个故事。比如，这位学员说："前几天我正驾着直升机，突然注意到一大帮飞碟正朝我靠近。于是我开始下降，可最靠近我的飞碟里却有一个小人开始向我开火，我……"说到这里，卡耐基要求他停下，然后让另一个学员接下去。

(2) 连点法

将没有关联的人、事、物等按照一定的顺序和结构连缀成篇，比如花儿、气息、跑。“置身各位青年朋友之中，我似乎感到春天的气息扑面而来。大家都很年轻，都有花儿样的青春、花儿样的年龄、花儿样的生活。愿大家做帆船，乘风破浪，挺进大海；愿大家做骏马，飞奔未来，跑向光辉灿烂的明天。”

(3) 联想法

联想法是由一个事物想到另一个事物的训练方法。其特点是：闻一知十，触类旁通，使说话具有流畅性与变通性。

出示一根玻璃棒，要求训练者通过联想，迅速说出它像什么。出示一个红色球，要求训练者通过联想，讲述我们的生活充满阳光。展示一幅画，画上有两只小鸡，要求训练者表达人生并非一帆风顺。

◎良好的形象：美丽的明信片◎

人们更愿意相信“相由心生”，所以我们一定要展示出最美的一面。

在《三国演义》中，庞统是与诸葛亮并称“卧龙凤雏”的旷世奇才，然而他相貌古怪、形象欠佳。他去拜见孙权，想要效力于东吴。孙权一看到庞统的模样，就不太喜欢他，又看他性格傲慢不羁，更加没有好感，最后竟把他拒之门外，任凭鲁肃苦劝也无济于事。后来庞统来到刘备麾下，刘备见了他这副“尊容”，也没有好感，碍于情面才让他做了个小小的县令，真可谓大材小用，直到后来有了诸葛亮保荐，庞统的才华才不至于被埋没。

亚里士多德曾经说过："美丽比一封介绍信更具有推荐力。"有心理学家曾做过一个实验：让一组被试者阅读附有作者照片的文章，文章有的水平高、有的水平低，作者有的漂亮、有的不漂亮；让另一组只看第一组看过的文章，但没有附作者的照片。看完后，两组被试者开始评价文章水平的高低。结果发现，第一组被试者对漂亮作者的文章评价分数要高于不漂亮的作者，第二组被试者则根据文章的真实水平作出了比较客观的评价。

由此可见，外貌对于人际吸引有着极大的影响，尤其是和人初次打交道时更是如此。有些人认为外貌几乎是无法经过个人努力而改变的特征，其实不然，一个人的外在形象可以随着他的衣着、妆容、举止、谈吐而有所改变，更会随着个人修养的加深而呈现出巨大变化，这就是所谓的"相由心生"。因此，一个人可以长得不美，但是不能不注意自己的形象。

◎第一印象至关重要◎

如果一个人对你的第一印象一塌糊涂，那么你还指望他能听你的话吗？

当我们要说服的对象是个陌生人或不熟悉的人时，就没有太多的机会让他人了解我们，这个时候第一印象显得至关重要，如果一不留神给别人留下了不好的印象，就很难再说服他了。

张磊和李宏是好朋友，一次聊天时，他们聊到了共同认识的一家公司的老板。李宏说：“我最讨厌这种人，仗着有俩钱就不知道自己是谁了，对员工一点也不好。公司就那么几个人，还真以为自己是大老板了？这种人，跟谁也处不好，估计家庭关系也好不了！”

张磊听到李宏这么说，感到非常惊讶，因为他和这个老板很熟，且一直认为这个老板是个有风度、讲义气的男人，而且他和妻子的感情也非常好。于是，张磊问李宏怎么会对他有这样的看法。李宏说：“那次我到他们单位找一个人，路过他的办公室时，看见他正在批评一个员工，那样子很吓人啊！”

张磊说：“每个人都有发脾气的时候，大概那次正好是员工工作上出了大问题，真的惹他生气了。”李宏说：“可能吧，但我最讨厌出了事情拿员工撒气的老板，反正我对他没有什么好感。”

这就是我们常说的“先入为主”，这种第一印象会左右一个人对另一个人的看法，并且轻易不会改变。因此，我们要时刻给别人良好的第一印象，不要因为一时疏忽而关闭了说服别人的大门。

◎照顾对方的感受◎

说服对方的秘诀不是咄咄逼人，而是了解对方的想法和感受。

当你面对一个人谈话时，如果只是一股脑儿地把自己想好的讲出来，而不了解对方的看法和兴趣，那即使你说得天花乱坠，也不能称为一个好的谈话者。成功的谈话是所有的人都积极参与到谈话过程中的心与心的双向沟通，因此我们在说话的同时，还要不断观察对方对我们的话有什么反应、有什么疑问，及时地排除对方心里的“疙瘩”。要达到这种沟通，最有效的方式就是提问。提问时要注意以下几点：

1. 采用限制答案型提问

给所提的问题的答案限制一个范围，它能帮助提问者获得较为理想的回答，减少被提问者拒绝回答的可能性。

例如，当你问客人晚餐上什么酒时，他会很难回答，或者直接说：“谢谢，我不喝酒。”但如果你说：“我们是喝点红酒还是喝点白酒？”这个问题就容易得多，即使他说“我不喝酒”，你仍然可以说：“那就喝点红酒吧，这个酒度数极低，和饮料没什么分别。”

2. 注意语气要委婉

在表达自己的看法之前，加上这样一句话永远没错：“不知道我这样说是否合适，如果不合适请您指出来。”或“我能不能这样理解您的意思，如果我说得不对希望您不要介意。”

3. 时刻留给对方说话的机会

如果你想让别人按照你的意图去做事，不可只表达自己的看法，要在每一个说话的段落都询问对方：“您看我说得对吗?”“您怎么看呢?”

另外，在谈话时要注意提问的禁忌，在与不是十分亲密的人交谈时，一般不可问别人有多少钱、女子的年龄、别人的家世、别人的职业秘密以及别人的隐私。

◎说话也要掌握好火候◎

凡事要讲究限度，要记住：“月满则亏，水满则溢。”

“过犹不及”的典故起源于孔子对其两个弟子的评价，而中庸也恰恰是儒家学派为人处世的原则。

有一次，孔子带领弟子们在鲁桓公的庙堂里参观，看到一个特别容易倾斜翻倒的器物。孔子围着它转了好几圈，左看看，右看看，还用手摸一摸、转动转动，却始终拿不准它究竟是干什么用的，于是就问守庙的人：“这是什么器物?”

守庙的人回答说："这是放在国王座位旁边的器物，它什么也不装时就倾斜，装物适中就端端正正的，装满了就翻倒。君王把它当作自己最好的警戒物，所以总放在座位旁边。"

孔子忙对弟子说："把水倒进去，试验一下。"

子路忙去取了水，慢慢地往里倒。刚倒一点儿水，它还是倾斜的；倒了适量的水，它就正立；装满水，松开手后，它又翻了，多余的水都洒了出来。

在与人交往的过程中，我们也需要掌握中庸之道，任何语言与行为都要掌握火候，控制在适当的限度内。

初入职场的小莉一心想要尽快在公司获得认同，因此处处要求完美。一次，小莉的上司交给她一项重要的任务——与一个大客户谈一笔生意。小莉想，大客户都是见过世面的有钱人，自己想要赢得对方的好感，必须穿得体面，于是向家人和朋友借了钱，给自己置办了一身的名牌。与客户见面当天，小莉穿着名牌服装，手提名牌包，连喷的香水都价格不菲。当客户终于出现时，小莉以优雅的姿态同对方握手，并暗暗地打量对方。令她没想到的是，这位大客户皮肤黝黑，穿着一身过时的西装，皮鞋虽然旧了倒也擦得亮亮的。与之相比，小莉倒是穿得太讲究了一些。原来，这位大客户是位白手起家的农民企业家，虽然事业上已经非常成功，但仍保持着简朴的生活习惯，最看不惯年轻人铺张浪费。就这样，小莉由于过分修饰，给客户留下了一个坏印象。

因此，我们在说服的过程中，要时刻注意把握合理的限度，你要避免火候不够，事情办不成，也要注意不要火候太大，把事情搞砸了。

◎自信是一剂强心剂◎

毋庸置疑，一个连自己都怀疑的人是不能够说服他人的。

每个经历过挫折后取得成功的人都有一个共同的体会：信心是一种最坚强的内在力量，它能够帮助你度过最艰难和困苦的时期，直到曙光最终出现。信心会使人发现自身的价值和潜能，直至取得成功。自信是美德，如果你能在言语中表现出自信来，会让人感觉你是一个可造之才。

杜芸是一名职高学生，毕业后，她满怀憧憬来到招聘市场，想要寻找一份销售的工作。

杜芸在招聘市场转了几圈，想寻找一个合适的单位。她发现，整个会场人山人海，唯有一家著名大超市的展台前冷冷清清。她好奇地走过去，看到那家超市的招聘启事，当即吓了一跳。原来，超市要招聘 20 名业务代表，却指明要名校毕业生，并且要有三年以上从事零售业的工作经验。条件那么苛刻，难怪没有人敢贸然应聘。

杜芸揣摩了一番，自己虽然并不符合要求，但这个工作对她却很具吸引力，并且根据她以往的实习经验，她完全可以胜任这份工作。于是，她把心一横，决定去试一试。

杜芸径直走到应聘席前坐下，那位中年主管看了她一眼，面无表情地指了指招聘启事问：“看过了吗？”她点点头说：“我看过了，很遗憾，我既没有名校文凭，也没有三年的工作经验。我是一名职高的应届毕业生。”

那位主管饶有兴致地看着她，说道：“那你还敢来应聘？”

杜芸微微一笑：“我之所以敢来应聘：第一，是因为我喜欢这份工作；第二，我相信自己完全有能力胜任这份工作。”停了停，她又说：“如果求职者真要具备启事上所有的条件，那他肯定不会应聘业务代表，至少是公司主管了。”

说完，杜芸就把自己的简历递了过去，那位主管竟然没有拒绝，而是微笑着收下了。接下来，主管又与她聊了聊她的实习经历以及对这份工作的想法，便让她回去等候通知。

第二天，杜芸就接到了录用通知书。后来她才知道，那些苛刻的招聘条件只不过是公司故意设置的门槛罢了，其实当她和主管谈完话之后，她就已经通过了公司的两项测试：勇于挑战条款的信心和勇气以及分析问题的能力。

当我们希望别人相信自己的时候，我们首先要让别人看到我们自己相信自己。有的时候，或许我们并不是最优秀的，面对比我们地位更高的人，难免会心生敬畏，但我们始终要保持对自己的信心，因为你并不知道，在某一次你充满信心地说“我能行”的时候，机会之门已经悄然向你敞开了。

◎说话不能满，说满难回旋◎

话说得太过、太满，吃亏的只能是自己。

在上一节，我们说了自信的重要性，但自信是让我们对现有的能力抱有信心，而不是夸大自己的能力。很多时候，我们需要给自己留下一点空隙。留有余地，事后才会有回旋的空间。就像两车之间的安全距离一样，要留一点缓冲的余地，才可以随时调整自己，进退有据。

高翔是一位归国留学生，刚刚进入一家新公司，老总对他的实力还不是十分了解。有一次，公司接了一个很有难度的项目，老总找到高翔，希望由他来当这个项目的负责人。高翔以前并没有做这类项目的经验，但他认为以自己的能力应该可以胜任，而且他非常希望在新公司一展身手，从而占据一席之地。于是，他拍着胸脯向老总保证："没问题，保证完成任务!"

一个月过去了，高翔的项目迟迟没有进展，在老总催促了很多次之后，他终于不情愿地向老总表示："之前想得太过简单了，实际操作起来还是有一定难度的。"但他仍然保证自己会克服困难，完成任务。这一次，老总虽然接受了高翔的保证，同意他继续负责这个项目，但却额外安排了一个有经验的同事来协助他，因为老总在心里已经对这个“海龟”的实际能力产生了怀疑。

这就是把话说得太满而给自己造成窘迫的例子。我们在说服他人听从我们的时候，很容易在不经意间夸大事情本来的面目，比如我们对于一项任务只停留在可以“试一试”的阶段，但为了获得做这项任务的机会，会对别人说“保证完成任务”，而这样做的结果就是，一旦我们没能达到自己承诺的目标，就再也无法说服别人把其他任务交给我们了。

因此，我们不要轻易说出“保证没问题”，而应尽量以“我会全力以赴，争取完成任务”之类的字眼来代替。这样说并不会有损于你的诚意，反而更显出你的谨慎，别人会因此更信赖你，即便事情没做好，也不会责怪你，你若能出色地完成任务，他们往往会喜出望外，这种增值的喜悦会给你带来很多好处。因此，我们在说服别人时要给自己留有余地，不要把话讲得太满，这样既可以让对方感觉你是一个谨慎的人，同时也可避免因无法兑现承诺而引起的信用损失，为日后再次合作留下了余地。

第 3 章 ／ 察言观色

读懂对方，你才能有的放矢

生活中，你是否有过这样的体验：当你喋喋不休一通之后，迎来的却是对方的默不作声甚至是反感的、拒绝的神情。为什么你的高谈阔论丝毫没有打动对方？因为你根本就没有读懂对方，甚至在你夸夸其谈时，对方早就摆出了让你闭嘴的姿势，可你却没有察觉。

◎点头和摇头中的潜台词◎

有些时候，点头不一定代表肯定，摇头不一定就是否定。

通常人们会认为，点头表示积极肯定，摇头表示消极否定。不过，在不同的情况和背景下，它们所包含的意思会有所变化。

大部分时候，点头的意思是“我同意”、“我赞同”。但同时，点头也是一种打招呼的方式，这种点头通常出现在上级对下级、长辈对晚辈，或者彼此认识但并不相熟的人之间，是谓“点头之交”。

此外，点头的频率也可以使点头拥有完全不同的含义。当我们与他人对话时，如果对方在适当的时候缓慢地点头，则表示他对我们所说的内容感兴趣，或者认为言论很有道理；相反，如果他频繁而快速地点头，则可能是已经对谈话感到不耐烦了，这时候就应该及时结束话题。

摇头是最常见的表达否定的肢体语言，这个动作可以追溯到婴儿时期，当母亲给孩子哺乳的时候，如果孩子吃饱了，就会躲开母亲的乳房，即使母亲将身体向前倾斜，他们也不会再感兴趣了，而是左右轻轻摆头，这便是在拒绝哺乳了。随着人们逐渐成长，摇头也演变成拒绝和不赞同的符号。但同时，人们也会用它来表示无奈。例如，当某位病人因抢救无效而去世时，做手术的医生会一边摇头一边走出手术室，面对等待的家属表示“已经无能为力了”。虽然医生没有说什么，但是家属立刻就会明白其中的含义。

在另外一些情况下，摇头则表示不可思议、惊讶的意思。例如，观看一场精彩的演出时，很多外国人张大了嘴，作出摇头的姿势，表达对鸟巢设计的惊叹和赞许。此时的摇头表达的就不是否定，而是百分之百的肯定。

◎教你分辨 25 万种表情的真假◎

表情其实是可以装出来的，但是我能教你分辨真假。

人类的面部是最富表现力的部位，能表达多种复杂的情感，如愉快、冷漠、惊奇、恐惧、愤怒、悲伤、厌恶、轻蔑、迷惑不解等。作家托尔斯泰曾经描写过 85 种不同的眼神和 97 种不同的笑容，足以说明面部表情的丰富和复杂。与其他传播媒介相比，面部表情能够清晰、直接地表达人们的内心想法，因此仔细观察他人的面部表情，是我们获悉他人心理活动的最佳途径。

根据专家评估，人的表情非常丰富，大约有 25 万种。那么，我们要从哪里入手，去辨别他人面部表情传递的信息呢？

1. 表情变化的时间

每个表情都有起始时间（表情开始时所花的时间）、表情停顿的时间和消逝时间（表情消逝时所花的时间）。通常，表情的起始时间和消逝时间难以找到固定的标准，但表情停顿的时间往往有一个可能参考的数值。例如，一个惊讶的表情至多持续一秒钟，而笑容则会持续更长的时间。因此，如果一个惊讶的表情超过了一秒钟，基本可以断定那是装出来的；

而一个笑容如果转瞬即逝，也很有可能不是发自内心的。如果一个表情超过了10秒钟（除了那些感情极其强烈的情绪感受），就不一定是真实表现了，因为人类的面部神经非常发达，即使是非常激动的情绪，也难以维持很久。所以，我们可以在与他人谈话时不断观察对方的表情变化，抓住对方内心的真实感受。

2. 变化的面部颜色

通常，人的面部颜色会随着内心情绪的巨大起伏而变化。在生活中，面部颜色的变化常见的是变红或者变白。因为面部的肤色变化是由自主神经系统造成的，因此是难以控制和掩饰的。所以，如果一个人因为愤怒而面色突然变红，或者由于恐惧而面色突然变得惨白，那基本可以断定这些情绪是真实的，而不是伪装出来的。

◎透过眼神吃透对方的心思◎

在某些时候，眼神的变化会在无意中流露出个人的真实想法。

孔子曾说过："观其眸子，人焉廋哉！"意思就是说，想要观察一个人，就要从观察他的眼睛开始，因为一个人的想法常常会从眼神中流露出来。天真无邪的孩子，目光清澈明亮；而心怀不轨的人，眼睛混浊不清。所以，人们常将眼睛比作心灵之窗。

西方流传着一个故事，说明通过眼神能够看透人的思想：在赌桌上，赌徒们刚开始通常会先用小金额的资金下赌注，并且密切观察坐庄人的反应。当坐庄人的瞳孔突然扩大的时候，他们立即紧跟加大筹码，这样赢的概率将很高，因为赌徒们可根据坐庄人的眼睛变化来肯定自己压中了。这种观察的小技巧尽管无从查证，但的确证明了人眼睛的变化同心理活动有着极为密切的关系。

既然眼睛能够真实反映人们内心深处的想法，我们就需要学习如何通过观察对方的眼神来洞悉他人的内心。

1. 表达吃惊的情绪

人们在吃惊的时候，眼睛会突然瞪大，并且巩膜（眼白）会在虹膜（眼睛中有颜色的部分）之上。还会再加上一些面部表情，例如：眉毛会抬起，且向上弯曲，而下颌下垂，双唇分开。

2. 表达怀疑的情绪

你与某人谈话时，若他眯起双眼，皱起前额，并不住地对你进行打量，那么他是在怀疑你说的话。他希望通过眼睛的审视在你身上找到蛛丝马迹，以肯定自己的判断。由于其主要表达一种不确定、不认可的态度，所以它也经常出现在某人对某个决定没有把握的时候。

3. 表达愤怒的情绪

当某个人直接盯着另一个人，显示出紧张的眼部状态时，他的上下眼皮也会很紧张，眼睛会眯成一条缝。他用眼睛盯着别人，用以宣泄内心的感受，甚至达到吓唬对方或威胁对方的目的。

4. 表达喜悦的情绪

一个人喜出望外时，眼睛会突然睁大，并放出光芒，但不会像惊讶时睁得那么大。这就是我们常说的“眼前一亮”的感觉。

◎手势是人的第二张唇舌◎

读懂手势语，你能更好地理解对方的心思。

手势是人类最古老的语言，人类在学会说话之前，就是通过手势来交流的。即使到了语言已经高度发达的今天，手势对于传递信息、表达感情仍然具有不可替代的作用。

正如我们常见的那样，在交谈时，人们的双手总是置于身前，并且伴有一定的手部动作。它们对言语起着说明和补充的作用，甚至可以发挥独立有效的作用。我们在说服他人时，通过解读他人的手势，可以更准确地掌握对方对我们谈话的态度。

1. 面对他人，竖起大拇指

这是我们极为熟悉的一个手势，它的一个重要含义就是表示对他人的称赞，是“真棒”的意思。此外，在那些曾经是英属殖民地的国家，例如美国、南非，竖起大拇指还有要搭便车的含义。我们在电影中经常可以看到旅行者向道路上的车辆作出这样的手势，看是否有机会搭便车。

在希腊等国家，竖起大拇指则带有侮辱的含义。

2. 食指弯曲与拇指接触呈圆形，其余三指张开

这个手势是美国最先开始频繁使用的，表示“OK”、“很好”的意思。但在不同国家，这个姿势有着不同的含义。例如，在日本，这个姿势表示金钱的意思，如果在同日本人交易的过程中，向他做了这个手势，则会被误解为你在向他索要贿赂。在地中海地区，这个肢体语言也同其本意差距甚远，当地人常用这个手势暗示某个人是同性恋，是一种具有侮辱性质的表示。

3. 伸出食指与中指呈“V”形

这个手势在手心向外的时候，被我们熟知的是表示“胜利”的意思。而在受到英国文化影响的地区，它也常常用于表示“举起双手或者抬起头”。如果这个手势变成手心向内，就是一种侮辱性的表达。不过，在欧洲的某些地方，手心向内的手势没有其他含义，仅仅表示数字“2”。

4. 紧握手指，呈拳头状

紧握的拳头是一种力量的体现，当将其恰当地运用于演讲或说话时，说明这个人很自信、很有感召力，是值得人们信赖和依靠的对象。但有时它也是在向他人展示“我是有力量的”、“我不怕你，要不要尝尝我拳头的滋味”，是一种示威和挑衅的动作。

5. 其他手势

除了上面这些以外，还有很多手势。例如，亲吻手指指尖，即飞吻，表示对对方的爱慕；数拨手指，表示要特殊强调，或者增加说服力、表明态度等。

◎笑也有真假◎

识别微笑的真假，会让你在说服别人时胜算更大。

有研究表明，一个人在说谎时很少会笑，但他们通常会假装出一副笑脸，这是为了掩盖他们的谎言，以迷惑对方。那么，怎样区别真心的笑容和伪装的笑容呢？

发自内心的笑，是眼睛在笑，眼睛周围会堆起皱纹；而强装的笑脸则不会有面部肌肉的配合，看起来十分生硬。虽然发出了笑声，但眼睛里丝毫没有笑意，这是典型的假笑。眼睛里的笑意是发自内心的，没有人能装得出来。

发自内心的笑是毫无顾忌的，具有感染别人的力量；而伪装的笑容常常与说话的内容、说话的节奏以及说话时的手势不吻合，往往显得僵硬、不生动。比如，你的丈夫谎称出差回来，在描述旅途艰辛时向你一笑，你应当马上捕捉到其中的破绽。若他笑的次数大大多于平日，很可能是在掩饰什么。当你问他新产品展示会进展得如何，他笑着对你说："好极了！"那看来展示会进行得并不尽如人意，因为真心地笑时眉毛是随着咧开的嘴角而上扬的。

除了专业的演员，一般人很难在言不由衷时流露出发自内心的笑容，当我们试图说服别人时，对方可能因为种种原因对我们说假话，企图迷惑我们，只要我们识别了他笑容中的伪装，就可以准确地捕捉到对方的真实意图。

◎揭开吸烟姿势的秘密◎

想说服别人，又不了解对方的性情，不妨先发一根烟给他！

给别人发烟是一种雅俗共赏的社交行为，不论是商务谈判还是平日里与人闲聊，这个行为都可以快速拉近两个人的距离。现在我们知道，请别人吸烟可不仅仅是礼节的需要，身体学家指出，不同的吸烟方式还是判断一个人性情的重要标准。因此，当我们试图说服一个人时，不妨请他抽支烟，这样既可以舒缓他的情绪，拉近两人的距离，更可以通过吸烟的姿势来判断他的性情，以便我们更好地说服他。

1. 啃咬烟嘴

这类人具有一定的办事能力，但会因急于求成而阻碍发展。当遇到问题时，他们很容易将过错都归罪在自己身上，自卑心理较强，有轻微的自虐倾向。

2. 烟蒂口湿润

这类人情绪起伏不定，性格变幻莫测，并常因异性问题与人发生冲突，对工作造成较大干扰。

3. 抽烟至烟蒂口

这类人生活节俭，但不善持家。他们处理金钱虽不吝啬，却易遭人误解。平日里，他们猜疑心重，有虚伪和自私的一面，很少暴露自己的想法。他们从思考到实践有一段很长的距离，因此容易错失良机。

4. 忘记弹烟灰

这类人通常善于深思熟虑，如果在工作状态中这样抽烟则更能肯定这一点。但如果他平常都是这样的抽法，多半是自卑或身体状况不佳的人。

5. 叼着烟工作

这类人对自己的工作非常自信，在忙碌中有一种工作成就感。但他们的性情也呈现两极化，一旦自己的能力得不到旁人的认可，会有强烈反抗或意志消沉的表现。

6. 急速地吸烟

这类人属于性急、易怒型。他们善恶分明、兴趣广泛，常对两种以上的工作感兴趣，喜欢尝试不同的工作，比只做同一工作更能获得成功。

7. 略仰起头以嘴角抽烟

这类人对自己的工作具有信心，极可能是某些领域的专家。不过，他们处世过于勉强又自视过高，容易与同事发生冲突。但因他们具有突破难关的冲劲，未来仍会有所成就。

8. 抽烟时伸直拇指顶住下巴

这类人对工作充满热情，尤其对有挑战性的工作十分青睐。他们属于不轻易服输的人，具有强烈的阳刚气，若能持续努力，将有望成为高级管理人才。

9. 抿着下唇抽烟

这类人性情稳定，且适应性较强，处世稳重较少失败，但欠缺工作主动性。他们做事需要按部就班地前进，通常在刚进入工作领域时，很少能发挥自我才能，经过多年的磨砺后，才会逐渐展现自己的能力，受到领导的信赖。

◎站姿背后的心理暗示◎

掌握对方站姿中暴露的信息也是说服别人的重要技巧。

站姿是对精神和心态的集中体现。有位美国心理学家为了研究站姿与人的心理的关系，拍摄了大量影像资料，经过反复研究分析，他发现通过观察人们不同的简单站立动作，能捕捉到丰富的心理信息。

1. 标准立正的站姿

两脚并拢、自然站立是一种礼貌而正式的站姿，不表达任何去留的倾向，但通常可以体现严肃而恭敬的心态。例如，学校的学生们在跟老师说话时，公司的下级在跟上级汇报工作时，常采用这个姿势。

经常以这种姿势站立的人，习惯于服从，不具备攻击性，他们踏实但缺乏开拓和创新精神。每当开会时，他们还会利用同样的姿势表示

“不置可否”。他们容易满足，且不争强好胜，只是在感情上有些急躁。

2. 弯腰驼背的站姿

站立时弯腰驼背，说明这个人承受着很大的压力，他们缺乏自信，有自我防卫、封闭、消极的性格倾向，或者说他想逃避某种境况或整个生活，不想承担某种风险和责任。这也就暗示着他的心理正处于弱势，具有不安或自我抑制的特点。

3. 双腿交叉型站姿

站立时，双腿交叉，有的人会同时交叉双臂，表现出明显的自我保护意识。大多数人在身处陌生的环境时都会下意识地摆出这种姿势。另外，较熟悉的朋友谈话时，若有人以这种姿势站立，就暴露了他的拘束心理，这也是一种缺乏自信心的表现。所以，经常使用这种动作的人，表明他时时处于防备的状态，害怕受到伤害。

4. 自信型站姿

这类站姿是指站立时，挺胸、抬头、两腿分开直立，像一株挺拔的松树。当人以这种姿势站立时，通常会配以充满自信的表情。一般具有这样站姿的人都自信且有魄力，做事敢想敢干，可能是成功人士。

5. 思考型站姿

这类站姿是指双脚自然站立，双手插在裤兜里，时不时取出来又插进去，就像是在思考着什么。具有这类站姿的人一般比较小心谨慎，做事思前想后，在做决定时容易犹豫不决，不知该如何是好。工作中，他们一般缺乏主动性和灵活性，不会有效率地进行工作。

但在感情上，他们非常忠贞。他们喜欢幻想，常常会构思未来，也因此不愿面对现实和承受逆境，是一个心理脆弱的“理想主义者”。

6. 攻击型站姿

这类站姿指的是将双手交叉抱于胸前，两脚平行站立。经常摆出这样站姿的人，一般性格叛逆，具有较强的挑战意识和攻击意识。他们无论是在工作还是生活中，都喜欢打破传统的束缚。他们比别人更敢于表现自己，通常创造能力较强。

7. 靠墙式站姿

站立时有靠墙习惯的人，多半是失意者，对外界缺乏安全感，容易依赖外力来保护自己。他们个性随和、坦诚，容易与人相处，因此也很容易受到别人的影响。

◎闻其声，知其人◎

要想说服别人，闻声识人的功夫也不可少。

言谈话语表达出来的信息有真实与不真实之分，要想准确识别说话人的真实意思，单凭感觉是不够的。人们不仅要分析对方的话中之意，更要分析其言外之意，同时还要做到闻其声，知其人，将一个人的声音与他的语言分别看待，从他的声音中发现语言不曾传达的信息。

春秋时期，郑国的丞相子产一次外出巡察，突然路边传来妇女悲恸的哭声，吸引了队伍的注意。子产率众人去一探究竟，原来是一个妇女在丈夫的新坟旁悲伤地哭泣。子产驻足停留了一会儿，突然下令立刻拘捕那名女子。随从不敢多言，遵命而行，逮捕了那个妇女。经过审问，原来正是这个妇女与人通奸，害死了自己的丈夫。那么子产是怎么发现的呢？子产向众人解释道："这位女子中年丧夫，原本非常可怜，内心的悲伤应当原原本本地反映在哭声之中，令他人闻之也难免垂泪，可那妇人的哭声并没有哀恸之情，反蓄恐惧之意，所以怀疑其中另有隐情。"

以上便是通过声音来辨别人心理的一个例子。在我们日常生活中，这样的例子有很多。比如，当人兴奋的时候，他说话的声音会不自觉地变大；当人激动或紧张时，他说话会出现抖音，这说明他对这个话题十分介意。我们如果善于捕捉声音中透露的信息，就可以更好地掌握对方现在的情绪，从而调整我们的行为，更好地达到说服的目的。

◎试试不露痕迹地"效仿别人"◎

看似无意的"同步行为"能拉近对话双方的距离。

我们在电影中经常能看到这样的镜头：一对恋人坐在咖啡厅里，悠闲自在地品尝着咖啡，还时不时地做着同一种表情或同一个动作，整个画面充满了和谐感。看到这样一幅画面，你有什么感觉或想法？是不是感觉很温馨，感觉这两个人关系非常融洽、心心相通？这是为什么呢？是因为他们的步调是如此的一致。

从行为科学的角度来讲，这种感觉是有道理的。人与人之间这种表情或动作的一致被称为同步行为。同步行为不仅存在于恋人之间，在我们日常的工作生活中也普遍存在，当两个人相互欣赏或看法一致时，他们的同步行为就会被诱发。

换句话说，同步行为意味着双方思维方式和态度的相似或相通。一般而言，同步行为的一致性与双方关系的和谐度成正比。在双方的会面中，如果两个人关系和谐、相互欣赏，那么他们的同步行为会很多、很细微。反之，同步行为会很少。这就是有些人会疑惑为什么我喜欢的同事对我也比较友好，我不喜欢的同事，虽然我确定我没有表达过不喜欢他，但他对我也不那么友好的原因。

在日常生活中，通过人为地制造同步行为，可以赢得对方的好感，让双方的交谈在不经意间变得和谐愉快。当你试图说服某人时，不妨尝试一下，当他无意中作出某个动作时，你也跟着做某个动作；他作出某种表情，你也以同样的表情回应。比如，对方翻阅文件，你也翻阅文件；对方脱下外套，你也脱下外套；对方将视线投向窗外，你也转头欣赏窗外景色。如此反复几次，自然会引发对方的好感，缓和矛盾，使对方乐于接受你的意见，满足你的要求。

不过，在效仿对方举止时，要注意不露痕迹，否则会让人误认为你是在故意取笑他或讨好他，反而会坏事。

第4章 ╱ 趁“虚”而入
悟透人性的弱点，你就能掌控一切

人是地球上最为复杂的生物，身上集中着大善与大恶，有着天使与撒旦的双重品格。这种复杂性是任何一个人也无法逃脱的。所以，我们既要看到人性美的一面，更不能忘记人性丑的一面。如果你悟透了人身上丑的一面，你的说服效果一定会更好。

◎学会倾听对方，说服他的概率更高◎

你若愿意倾听对方的想法，对方也必然愿意倾听你的想法。

有人并不喜欢在他人面前谈论自己，这并非因为他不想说，而是他担心这样会造成别人的反感。其实，如果有人对他多说抱有浓厚的兴趣，愿意去聆听他的心声，他不但会觉得非常高兴，还会对这个人心怀感激，有一种相见恨晚的感觉。因此，我们在说服别人时如果多鼓励对方谈论自己，而不是一味地向对方灌输我们的想法，结果可能会比我们想象得更好。

柯先生想找一份工作，他看到报纸上有一个合适的招聘广告，于是便寄信给该报，希望参加应聘。几天之后，他收到回信，对方叫他去面试。

在面试之前，柯先生来到中关村，详细调查了这家公司的背景，包括建立的细节都没有放过。面试时，企业的老总兼创始人果然亲自坐镇，柯先生说道："我感到很荣幸，您能给我进入这个不平凡的企业的机会。我听说您在28年前创办这家公司的时候，仅有一间带桌椅的办公室和一台打字机。这是真的吗？"

几乎所有成功人士在谈到自己当初是如何创业的都会兴奋不已，这位招聘者也不例外。柯先生的问题让他打开了话匣子，从自己刚开始除了450元的现款和一个装在脑子里的主意之外什么也没有，说到如何克服胆怯和不顾周围人的嘲笑，星期天和假日都在工作，每天工作12至16小时，再谈到现在成了中关村最有名的企业家，别人都来求教于他，请他出谋划策。他回忆了许多往事，柯先生及在场的人都认真地聆听着。最后，他简要地询问了一些柯先生的经历，然后叫来了副经理，说："柯先生就是我们需要的人。"

柯先生正是巧妙地利用了这条真理：人人都喜欢谈论他们自己的成就，而不愿听我们唠叨自己的成就。所以，当其他求职者千篇一律地说自己有多能干时，柯先生却把话语权留给了未来的老板，让老板说个痛快，老板自然心情愉悦，对面前这个愿意聆听自己故事的人好感大增。

不可否认，有些人的口才很好，逻辑思维也很棒，但面对事情却急于抛出自己的观点，希望能够以充分的道理让别人信服自己。他们往往只顾着表达自己，对别人的事情显得腻烦，甚至别人刚一启齿谈到自己，还未说到正题上，他们就会予以否定，一口咬定没兴趣，然后以十分武断的口气阐述自己的观点。这样做的结果是，表面上看自己的目的好像达到了，事实上却得不到别人的认同，无法与人建立真正的友谊，达到心灵上的沟通。实践经验表明，在事业上有成就的杰出人物，往往善于鼓励他人谈论自己。

德怀特·弗罗是一名美国外交家，柯立芝总统任命他为驻墨西哥大使。这可不是什么美差，墨西哥与美国的关系非常敏感，去那里做大使是一个有挑战的工作。因此，对弗罗来说，第一次拜见墨西哥总统卡尔斯是具有历史意义的一刻。

在这个关键时刻，弗罗运用了一个策略，竟然轻而易举地缓解了两国之间紧张的气氛，使两国人民心中的石头都落了地。那么，这位刚出道的大使究竟对总统说了哪些话，运用了怎样的策略使卡尔斯总统对他赞赏有加呢？

其实，弗罗根本没提那些应由大使负责谈判的严重问题，只是称赞了厨师的厨艺，多吃了几块饼，抽了一根雪茄，并请卡尔斯总统谈了一些墨西哥的状况：内阁对国家有何希望、总统想做哪些事、对于未来他有什么看法等等。在这样简单的会见之后，卡尔斯总统对弗罗大加赞赏。第二天，卡尔斯总统甚至对一个朋友说，弗罗才是真正进退有据的大使。

卡尔斯总统之所以会如此称赞弗罗，就是因为弗罗利用了一个策略——鼓励他谈论自己。他诱使卡尔斯开口讲话，并非常注意倾听，无形中就显示出对卡尔斯的尊重，这样便维护了总统的荣誉感并使其感觉自己受到了尊敬。

每个人都有诉说的愿望，当你作为一名倾听者时，实际上是给了对方以莫大的鼓舞。善于倾听他人谈话，才能更准确地把握谈话者的意图、流露出的情绪、传递出的信息，更好地促使对方继续谈下去。

所以说，最好的说服不是你“喋喋不休”地跟对方讲道理，而是认真倾听并鼓励对方多说。满足了对方谈论自己的欲望，你就会获得他心理上的认可，说服工作就会事半功倍。

◎你重视别人，别人也会重视你◎

你不从心底重视别人，别人也不会从心底接受你。

体现自己的重要性，渴望得到重视，是人类高层次的心理需要。如果你能满足别人的这种需求，对方就会以积极的态度来回应你，因为在大多数情况下，你怎样对待别人，别人就会怎样对待你，你敬重别人一分，别人就会敬你十分。

亨特是纽约一家印刷公司的经理，手下有一位技术师负责管理若干台打字机和其他日夜不停运转的机器，这位技术师总是抱怨工作时间太长，工作太多，需要一个助手。亨特希望改变他的工作态度，可是又不能引起他的反感以至影响工作，要怎么做呢？

亨特既没有缩短他的工作时间，也没有为他增添一个助手，而是给那位技师安排了一间私人办公室，办公室外面挂上一块牌子，上面写着他的名字和头衔“服务部主任”。

这样一来，他便不再是任何人可以随便下命令使唤的修理匠了，而是一个部门的主任，他感到自己很重要，于是很高兴，也就不再抱怨了。

由此可见，当你给予一个人充分的重视之后，他就会焕发出巨大的热情，并对你忠心耿耿。

纽约电话公司曾就电话对话做过一项调查，调查现实生活中哪个字使用频率最高。调查结果显示，在 500 个电话对话中，“我”这个字使用了大约 3950 次。这说明，不管你是什么人，不管你实际状况如何，在内心中都以自我为中心，都感到自己很重要。

玫琳凯是美国成功的女企业家，她用 5000 美元创办了玫琳凯化妆品公司。20 年后，该公司发展成为雇员 5000 多人、年销售额超过三亿美元的大企业。玫琳凯成功的秘诀就在于她知道若想激发员工的热情，就要让他们感到自己是最重要的一个。这是她在实际工作中得到的启发。

许多年前，在她还没有创业的时候，在一个“总裁接见日”，为了能同她工作的公司的副总裁握手，她排队足足等候了三个小时。当终于排到她的时候，副总裁同她握手、打招呼，但她注意到他的眼睛却瞧着自己身后等候接见的长长的队伍。

她回忆说：“直至今天，我还是一想起那件事就伤心。当时，我暗暗对自己说，假如有朝一日我站在那个位置上，我一定要把自己的注意力全部集中在站在我面前同我握手的人身上。”那一天终于来到了，她总是尽力使每一个人感到他们自己很重要。对此，有人曾问过她：“你是怎么做到这一点的？你难道不觉得累吗？”

她说：“当然，我往往累得精疲力竭，但我从不改变初衷，因为我曾亲身体验过被一个对于自己来说重要的人冷遇的滋味。把精神集中到你面前的人身上，让他感到自己很重要，永远是至关重要的。切记，永远不要用你不喜欢被对待的方式去对待任何人。”

美国哲学家约翰·杜威认为，“做个重要人物的欲望”是人类天性深处的动力。如果你希望别人感到和你相处很愉快，你就必须让他人感到你十分重视他。心理学家认为：每个人身上都带了一个“看不见的讯号”——“让我感觉自己很重要”！聪明人会立即回应这个讯号，获得满意的效果。

发生在李女士身上的故事充分说明了，让他人感觉到自己很重要，你会收获意想不到的结果。

有一天，李女士开着她那辆旧汽车到车站中心，想要买一辆新轿车。进入中心后，接待她的业务员认为她根本买不起好车，就没把她当回事，恰好到了中午，便借口下班匆匆离开了。

由于李女士急着购买新车，所以想见业务经理，但经理也不在，于是她只好一边逛一边等了。逛到对街的汽车展示中心时，李女士发现该中心正在展示一辆黄色轿车，她很喜欢，但价钱很高。那家展示中心的业务员热情地接待了她，并诚恳地和她攀谈起来。闲聊中，李女士说起当天是她的生日，想要买部车送给自己。

这时，业务员礼貌地说，有点事需要离开一会儿，马上就会回来。10分钟后，那位业务员手捧着一束玫瑰来到李女士面前，祝她生日快乐!

李女士当场惊呆了，她太惊讶、太惊喜、太意外了。最后，李女士买下了那辆远超过她预算的黄色轿车。因为那位聪明的业务员看到李女士身上正散发着无形的讯号——“让我感觉自己很重要”，而他所表现的就是让李女士感觉“自己很重要”！他也因此得到了李女士丰厚的回报。

◎说服不是辩论赛，不必逞口舌之快◎

要想说服别人，不妨让他先赢你一局。

逞一时口舌之快，是人们在沟通中难以克服的弱点。但是，说服的目的不是赢得一场辩论，而是让对方按照我们的想法来行事。倘若只顾着在口头上与人决个胜负，只能加重对方的不满情绪。所以我们不妨在非原则问题上放弃防守，满足他的“我是对的”心理，等再来谈关键问题的时候，往往会收获意想不到的效果。

威廉·麦金莱是美国第25任总统。一天，几个人冲进麦金莱的办公室，向他提出抗议。为首的是一位议员，他怒气冲冲的，开口就用难听的话咒骂麦金莱，而他却显得异常平静。他知道，这些人是有备而来，现在做任何解释都会引起更激烈的争吵，这对于坚持自己的决定很不利。他一言不发，默默地听着这些人叫嚷，任他们去发泄自己的怒气。直到这些人都说得精疲力竭了，他才用温和的口气问道："现在你们觉得好些了吗?"

那个议员的脸立刻红了，总统平和而略带讥讽的态度使他觉得自己好像矮了一截，一时间，他觉得自己粗暴的指责根本站不住脚，而总统可能根本就没错。

后来，总统开始向他解释自己为什么要做那项决定，为什么不能更改。这位议员并没有完全听进去，因为他在心理上已经完全服从总统了。他回去报告交涉结果时，只是说："伙计们，我忘了总统所说的是些什么了，不过他是对的。"

麦金莱总统避开了针锋相对的争辩，在心理上打了一个胜仗，最终为实施自己的决议铺平了道路。

其实，在面对同一问题时，不同的人总会从不同的角度去考虑，人人都会觉得自己是对的，想要改变这种想法几乎是不可能的。这时候，一味地争论只能白白耗费时间和精力，对于问题的解决没有任何意义。

即使你在争论中获得了胜利，把对方的论点攻击得千疮百孔，证明对方一无是处，那又能怎样呢?对方的自尊心受到了严重的打击，他即使口头上认输，心中也会越发不服气，或许还会从其他地方和你找别扭，那时再想谈合作又谈何容易呢?

任强是一名公司业务员，从前性子比较急，遇到与他意见不同的人，总是想和对方争个高低。结果，自己虽然占了上风，却因此失去了很多朋友和客户。后来任强意识到这个毛病会让自己吃大亏，决心改正它。

有一次，任强与一位客户见面。当他们谈到产品时，对方说：“你们的产品一点名气都没有，我一直在用外国公司的产品。他们的业务员也很棒。”如果是在以前，任强早就气得与其争辩起来了。然而这次他控制住自己的情绪，谦虚地说：“他们的产品的确不错，不但公司实力很强，业务员也很优秀，看得出来您很有眼光。”客户本以为任强会反驳他的说法，证明自己的产品和业务更好，然而没想到任强全盘承认了他的看法，因此也就无话可说了。接着，他们没有再谈论外国公司的产品，任强开始介绍自己公司产品的优势，从公司的前景到产品的性能、质量等等。最后，任强提出了使用自己公司产品的建议，并对对方的采纳表示由衷的感谢，交谈的气氛始终十分融洽。后来，这位客户不但购买了产品，而且和任强成为好朋友。

当你与别人争论的时候，也许你的观点是绝对正确的，但在改变对方的态度上，你的正确不会给你任何帮助，矛盾也永远不能用辩论停止。

喜欢说教的父母、盛气凌人的上司、理直气壮的丈夫以及唠叨的太太们都要了解，所有人都不喜欢别人改变自己对某一件事的看法，不可能有人会在被强迫或被威胁中发自内心地同意你的观点。

在日常生活中，我们经常会遇到这样的一些事情：两位同事或朋友为了一件小事争论得面红耳赤，甚至发展到恶语相向，断绝彼此之间的来往。一般来说，真理或许是愈辩愈明的，但对于说服，辩论却是毫无帮助的。你如果想让他人接受你的想法，那就要把辩论中的赢家让给对方，只有这样，他才有可能对你心悦诚服。

◎给对方一个高尚的机会◎

"人过留名，雁过留声"，谁不想有个好名声呢?

我们在说服一个不了解的人时，很难迅速了解他的实际品质，但我们必须让他相信我们认为他是一个高尚的、道德的人。经验告诉我们，人们通常愿意让陌生人相信自己是一个好人，这种小小的英雄情结深藏于每个人的内心深处。一旦你满足了他这种心理，他就会很乐意继续在你面前扮演好人的角色。

李先生是一个房东，在他的租户中，有一个人非常挑剔，扬言对这里的一切都不满，要立即搬家。这位房客的租约还有四个月才到期，每月的租金为2500元，可是他声称要立即搬走。如果换了其他房东，必定会警告那名房客："再把租约读一遍，就是现在马上搬走，也要把以后四个月的租金缴清。"可李先生知道这样硬碰硬只会使事态升级，越发麻烦。

于是，李先生严肃而真诚地对那名房客说："先生，我听说您想立即搬家，但我不相信这是真的。我打过交道的客户不计其数，我能感觉到您是个守信用的人，我敢打赌，您绝对做不出这种事来。"说到这里，李先生深深凝视着对方的眼睛，过了几秒钟后，接着说，"您不妨考虑几天，假如一个月以后，您还是坚持要搬家的话，我绝对尊重你的选择，当然这也说明我的经验判断失败。不过，现在我还是相信自己的判断，你绝对会按契约办事的，因为我们都是重信用的人。”

那名房客静静地听李先生说完，没有再说什么。转眼一个月过去了，果然不出李先生所料，那名房客找到李先生，付了房租，并对李先生说，这件事他已经和太太商量过了，他们会住下去，直到期满。

其实我们可以看出来，这位房客本身并不是什么道德高尚的人，不然他也不会不顾违约给他人带来的不便，闹着要搬走。但他后来为什么转变了呢？就是因为李先生把他设定为一个高尚的角色：他是个很守信用的人。本能的趋善心理使得他无法拒绝扮演这个高尚的角色——确切地说，他是乐意扮演的。

生活中不可能人人都成为英雄，但正因为如此，英雄情结才深置于每个人心中。它敦促人们不甘堕落，激励人们做个好人，鞭策人们要诚实、正直。

摩根在他的一本著作中说，一个人做一件事，通常有两种原因：一种是真正的原因，一种是听来很动听的原因。他认为会为了真正的原因去做一件事，这是毋庸置疑的，但同时，我们也永远无法放弃那个动听的动机。因此，为了让他们做某件事，我们不妨赋予这件事高尚的动机。

要想实现这一点，是否太困难？请看下面的例子。

纽约市一家大型汽车公司出了这样一件事：有几位客户拒付汽车维修费，因为他们认为账单上的一项内容出了差错。可是，每张账单上都有客户的亲笔签字，所以公司认为这笔账不会有错。

公司信用部职员负责向客户们索要欠款，下面是他们采取的步骤：

⑴ 他们拜访了每位客户，明确地告诉客户：他们是公司派来催收超期欠款的。

⑵ 他们向客户坦言，公司的账绝对不会有错，错的肯定是客户。

⑶ 他们暗示客户，公司在管理账目上经验丰富，肯定比客户内行，客户再争辩不休，无疑是赖账。

结果，客户被激怒了，双方吵了起来。

事情陷入了僵局，信用部经理非常恼火，决定通过法律途径来解决。正在这时，总部的经理知道了此事。他派人对那几名客户进行了调查，发现他们以前信誉一直很好，从未有过拖欠。据此，总经理认为，客户并非蓄意刁难，一定有什么环节出了问题。于是，他决定让公司催债高手托马斯前去催讨那笔被大家认为“不可能要回”的欠款。

下面让我们来看一下托马斯所采取的步骤：

⑴ 拜访客户，但只字不提催要欠款的事，只对客户说是来调查公司的服务情况的，并让客户知道，在客户说完之前，他不会发表任何意见。

⑵ 认真倾听客户对他们服务的不满和指控，对他们的遭遇表示同情，并诚恳地承认公司有时也会犯错。

⑶ 最重要的一环，激发客户的高尚动机。托马斯说：“我非常清楚，各位一直以来都拥有良好的诚信记录，不可能作出无理取闹的事情。公司上次派来的代表确实给各位带来了不便，但令我感动的是，你们始终保持了忍耐精神和公正品质，对此我代表公司向你们道歉，并向各位致以深深的敬意。”

⑷ 请客户帮个忙。让客户看看账单，究竟什么地方出了错，以便公司更好地改进服务。

事情的处理结果：

⑴ 除了一名客户仍然拒绝合作外，其他几名客户都按照自己认为应该交的数目交了欠款。

⑵ 两年后，这几名客户全部从公司里购买了新车。

“以往的经验告诉我，”托马斯说，“如果没有迹象表示客户想赖账，你就要相信他们是诚实可靠之人，相信他们是愿意付账的。最重要的是让他们相信账目是正确的，只要他们相信了账目，他们就会自愿付账，只有极少数例外。即使是那些存心想赖账的人，如果你让他感觉到你相信他是诚实而正直的，在大多数时候，他们都会有善意的表现。”

所以，如果你要别人同意你的观点、意见和建议，就要激发他们产生一种高尚的动机。

◎别吝惜你的赞美之词◎

对别人真诚的赞美代表着一种肯定，谁都爱听。

我们生活在社会当中，一言一行都与其他人密不可分，即使是最特立独行的人，心中也希望获得他人的肯定。如果你真诚地赞美一个人，必然会让他受到鼓舞，认为你理解了他的价值，从而对你心存感激，视你为知己，愿意做更多你希望他去做的事。

一位焦虑的父亲带着儿子来到心理学家的办公室。父亲说："这个孩子让我伤心透了，他身上连一个优点都找不到。"心理学家注意到，他说这句话时孩子的眼角噙着泪水，显然父亲的这种说法已经伤透了他的心。心理学家决定把孩子带回家帮助他。任何孩子都有值得称赞的地方，于是心理学家开始在孩子身上寻找某些他能给予赞许的东西，结果他发现这孩子喜欢雕刻，并且工艺很巧妙，而他在家里曾因在家具上雕刻而受到惩罚。于是，心理学家为他买来雕刻工具，还告诉他如何使用这些工具，同时真诚地赞美他："要知道，你雕刻的东西比我所认识的任何一个儿童都雕刻得好。"不久，他又发现了这个孩子几件值得赞美的事情，他同样采取了热情赞美和鼓励的方法。日子一天天过去，这个孩子的变化使得每个人都大吃一惊：没有什么人要求他，他把自己的房子清扫一新。当心理学家问他为什么这样做时，他说："我想你会喜欢。"

人在被欣赏和称赞时，心理上会产生一种"行为塑造"——我们会试图把自己塑造成具有某种优点的人。而且，这种塑造有心理强化作用，会不断鼓励自己向着某个好的方向发展，使自己真正具备人们口中的某些优点。正是在这种自我塑造的过程中，我们产生了一种不断前行的力量。

在居民小区的早点铺子里，有两位顾客都想让老板给他添些稀饭。一位皱着眉头说："老板，太小气啦，只给这么一点，哪里吃得饱？"结果老板说："我们稀饭是要成本的，吃不饱再买一碗好啦。"无奈这位客人只好又买了一碗稀饭。另一位客人则笑着说："老板，你们煮的稀饭实在是太好吃了，我一下子就吃完了。”结果，他拿到一大碗又香又甜的免费稀饭。

所以，要建立良好的人际关系，恰当地欣赏和称赞别人是必不可少的。如何赞美别人也是一门学问，并非一切夸人的话都会让人心花怒放，倘若赞美并非发自内心，说的与实际情况不符，比如明明是丑女却夸她美若天仙，那只会引起对方的反感。只有基于事实的赞美，才会让对方欣然接受，并觉得你是真正懂得欣赏他的人。

古时有一个说客，说服别人的功力堪称一流。他曾当众夸口道：“小人虽不才，但极能奉承。平生有一志愿，要将一千顶高帽子戴给我遇到的一千个人，现在已送出了 999 顶，只剩下最后一顶了。”一长者听后摇头说道：“我偏不信，你那最后一顶用什么方法也戴不到我的头上。”说客一听，忙拱手道：“先生说得极是，不才走南闯北，见过的人不计其数，但像先生这样秉性刚直、不喜奉承的人，委实没有!”长者顿时手捻胡须，扬扬自得地说：“这你算说对了。”听了这话，那位说客哈哈大笑：“恭喜先生，我这最后一顶高帽已经戴到先生头上了。”

这个故事生动地说明了，再刚正不阿的人，也无法拒绝一个说到他心坎上的赞美。每个人身上都可以找到值得夸赞的地方，只要我们有一双善于发现的眼睛，努力去找寻别人值得夸奖的极小事情，寻找与你交往的那些人的优点，那些你能够赞美的地方，形成一种每天至少五次真诚赞美别人的习惯，这样你与别人的关系将会更加和睦。

所以说，说服他人的时候一定不要忘记赞美，真诚地欣赏和赞美他人是说服的一个强有力的武器。

◎把定夺的机会留给对方◎

我们引导对方，让对方自己下结论。

向上司出谋献计，是每个下属应尽的职责。然而，我们在献计献策的时候，往往会遇到不受重视、不被采纳的苦恼。尤其是当一个经过自己潜心研究、周密思考而得出的完美计划被上司断然拒绝的时候，我们简直是无所适从。其实，领导之所以不采纳我们自认为的“完美计划”，并不是计划本身不够好，而是他本能地不愿承认下属的智慧超过自己。

美国第 28 任总统伍德罗·威尔逊在竞选总统之前，曾经在普林斯顿大学担任校长，他博学多才，声名远播，但同时也非常自负，对于别人的意见往往不屑一顾，因此在他周围工作的人都觉得他是“一扇老橡木做的门”，任何新鲜的意见都被他毫无例外地拒之门外。

然而，有一个人却是个例外，他的意见常常被威尔逊所采纳，这个人就是他的助理豪斯。

据豪斯说，一开始，威尔逊对他的意见同样是不理不睬的。有一次，威尔逊单独召见豪斯，豪斯看准机会，尽自己所能，清楚明了地陈述了一个政治改革方案。由于精心研究过，豪斯相信自己的方案切实可行，说得也理直气壮。然而，待豪斯满怀信心地阐述完自己的设想，威尔逊却不留情面地说：“在我愿意听废话的时候，我会再次请你光临。”豪斯只得灰头土脸地退了回来。故事就这样结束了吗？没有！数天之后的一次宴会上，豪斯很吃惊地听到威尔逊总统正在把自己数天前的建议公开发表！

经过这件事，豪斯大彻大悟，他终于发现了向总统献计的秘诀：避免他人在场，悄悄把意见“移植”到总统的心中。为了实现“计划移植”的目标，豪斯在最开始的时候，总是设法让总统在不知不觉中对他的计划产生浓厚的兴趣，然后把计划作为总统自己的“天才构思”而公诸于众，最后使总统坚定不移地相信是他本人想出了这个好主意。为了使一个好的计划被总统采纳，他自愿牺牲“原创权”，而把“原创权”让给总统，并且是不为人察觉地转让。这样，他的计划就能非常顺利地被总统采纳了。

人们都不愿意承认自己接受了他人的意见，因为这样就等于是承认了别人比自己聪明。戴尔·卡耐基曾经说过：“如果你仅仅提出建议，而让别人自己去得出结论，让他觉得这个想法是他自己的，这样不是更聪明吗?”许多实践也表明，人们对于自己得出的看法，往往比别人强加给他的看法更加坚信不疑。

洪亮是一家企业的工会干部，最近他有一个新的设想：把本单位青年岗位练兵活动、技术比武与工资晋升联系起来。怎样才能让这个点子在行政办公会上获得通过呢？洪亮想到了一个好方法。他先去找公司经理，向他汇报了近几个月来青年岗位练兵、技术比武活动的成果和继续发展的困难。经理说：“对，岗位练兵、技术比武的确应该继续发展，但问题是怎样发展呢?”洪亮说：“现在办事都讲经济效益，这个事要是能同经济挂点钩说不定会有用，可我一直没想出什么好办法，经理你看……”话未讲完，经理就抢过话头说：“对，我也正在想这个问题，小洪，你看是不是可以同即将开展的工资晋升联系起来？”洪亮连声叫好，大赞经理高明。

在行政办公会上，洪亮发言道：“会前，吕经理对我讲，团委搞的岗位练兵、技术比武活动要继续搞好，并提出把这项活动与工资晋升联系起来，这对我启发很大。唉，我也讲不清楚，吕经理，还是您来讲吧。”吕经理原来可能是洪亮提议的反对者，但此时此地，他感到这个设想是他提出的，自然要努力使这个设想获得成功。凭着经理的合法权威和个人声望，洪亮的设想顺利通过了。

比尔·盖茨在做微软公司董事长时，最信任的顾问就是保罗·艾伦。他很少采纳别人的意见，而保罗·艾伦的进言却能屡屡被采纳。保罗·艾伦自述道：“我认识盖茨之后，发现了一个让他接受我的建议的最好办法，我先把计划偶然地透露给他，使他自己产生兴趣，让他觉得那是他自己的主意。”

那么，保罗·艾伦是怎样把计划“移植”到盖茨心中的呢？他常常走进盖茨的办公室，以一种请教的口吻提出建议：“盖茨，不知道这个想法是否……您觉得这样做还有什么不妥吗……我们是不是这样……”就这样，保罗·艾伦把自己的思想不露痕迹地灌入盖茨的大脑，使他从自己的角度考虑这些计划，加以完善并付诸实施。为此，保罗·艾伦牺牲了自己作为计划原创者将获得的声望，让盖茨获得了员工的拥戴，最终他们两人共同创立了伟大的“微软帝国”。

因此，想要成功地说服别人，把自己的看法变成对方的想法，在许多时候应做好引导工作，提出建议，提供资料，而其中所蕴涵的结论最好留给他自己去定夺。

◎别轻易指责别人◎

尊重是相互的，你总是指责别人，也别想得到对方的尊重。

伟大的心理学家席勒曾说过："我们极希望获得别人的赞扬，同样，我们也极为害怕别人的指责。"渴望得到尊重是每个人共同拥有的心理。因此，就算你不认同对方的观点，也没有必要对其进行打压，因为看问题本来就可以有许多不同的角度。或许，用一个间接的方式来阐述自己的想法，会让别人更容易接受。

当你已经发现某人的错误时，最好的方法不是直截了当地指出来，而是先尊重他的意见，再以退为进，运用一种非常巧妙的方法让他领会你的意图。你千万不要这样说："你不承认自己有错，我就证明给你看。"你这话的潜台词就是："我比你聪明，我要用事实来纠正你的错误。"你若是用下面的口气来说，对方就会更容易接受些："好吧，让我们来探讨一下"、"我有另外一种看法"、"我的意见不一定正确，因为我也经常把事情弄错，如果我错了，我愿意改正过来”。相信所有人都不会责怪你说这样的话。

20出头的梁艳华是一家广告公司的设计师。一次，她接了一个新型产品的广告设计工作，经过对产品和市场的分析，她做了一个广告文案。当她把文案呈给经理时，经理翻看了几页，语气随意地说：“你这个创意表现手法太过直白，显得没有内涵，你回去再改一改，注意，要含蓄一些，这样才显得上档次。”

梁艳华知道经理并没有理解自己的用意，但直接指出经理的错误又不合适，于是她诚恳地说道：“经理，您说得很对，广告寓意深刻会显得更有文化内涵，也更有美感。不过我在设计这个广告的时候就一直在想一个问题，一个新产品刚刚上市时广告的目的是什么?”经理说：“当然是抓住消费者的眼球，让消费者了解新产品。”梁艳华穷追不舍：“您说得太对了，这个产品是新型产品，消费者对它还很不了解，所以我们这个广告就是要让消费者看了广告就能尽可能多地了解产品。”说到这儿，梁艳华停顿了一下，等待着经理的反应。经理并没有说话，显然在思考她的说法。梁艳华知道机会来了，便继续说道：“用含蓄的表现手法确实会让广告更有美感，但如果消费者对这个产品还一无所知，他们是很难看懂这么含蓄的广告的，也体味不到其中的寓意。我认为，现阶段我们可以先采用直接的广告表现手法，让消费者迅速了解新产品的特性，加深印象。您不用担心广告不够吸引人，因为我们这个产品本身就是个很好的卖点。等到以后市场打开了，消费者对这个产品比较熟悉了，我们再采用含蓄的表现手法来提升文化内涵。”

见经理认真地听着，梁艳华接着说道："当然，这仅是我个人不成熟的观点，说得不对的地方还请经理指正。"

经理见梁艳华态度毕恭毕敬，说得又确实在理，对她非常欣赏，准备重点培养她。两年后，经过更多历练的梁艳华成了部门负责人。

我们都曾有过这样的体会：我们阐述了自己的观点后，一旦遭到全盘否定，我们的自尊心往往会促使我们采取以牙还牙式的反抗。这种心理反应会极大地阻碍交谈的顺利进行。因此，无论在什么情况下，你都应当尽可能避免对方出现上述心理活动。

相反，我们提出的意见一旦受到他人的赞同，我们会感觉非常快乐，这种兴奋感会给人带来情感上的亲善体验和理智上的满足体验。这种体验一旦发生，就会有利于纠纷的调解，使争执双方的意见达成一致。即使对方的意见与我们不完全相同，倘若我们感受到了他的尊重，那么接受其他的意见也会容易得多。

因此，我们在不同意对方的看法时，也应该先说"是的"，对他的说法表示理解和尊重，创造一种较为融洽的谈判气氛，缩短双方之间的心理距离，然后再讲"但是"。由于你对对手的某些看法大加赞赏，对手会自动停止自己的讲话，含着笑、点着头享受你对他观点的肯定。这时，在他眼里你与他是站在一起的，对立不存在了，尽管你也在赞扬之后表达了不同的意见，那也好商量了。

下面让我们看一下直截了当地指出对方的错误会带来什么样的结果。

库珀先生是纽约市一个年轻的律师，他才华出众，同时也有些自负。前不久，在联邦最高法院审理的一起重大案件中，他为涉嫌违法的嫌疑人辩护。法庭上，一名法官对库珀先生说：“根据军舰制造厂限制条款，你的当事人应判六年刑，难道量刑不当吗？”库珀先生停下来，看了法官一眼，直截了当地说：“尊敬的法官大人，这种条款是不存在的。”

这场官司最终以库珀先生和他当事人的败诉而告终。事后，库珀先生回忆起他当庭指出法官错误时的情形：“整个法庭鸦雀无声，室内温度好似突然降到了零下。我是对的，法官是错的，于是我直接指出了这一点。可你想他能同意我的观点吗？不会的。但我仍然相信自己的观点是符合法律规定的。我觉得这次辩护发言比以往任何一次都成功，但就是没有说服法官。当我向这位著名学者指出他的错误时，我已经犯了辩护的大忌。”

由此可见，直接提出反对意见会招人反感，抵触情绪一旦产生，别人就再也没有心思去听你的意见。既然如此，我们为何不让自己换一种方式呢？

所以，当我们需要说服一个人时，不要对他的错误表现得过于敏感，非要证明他错了，更不要强迫别人同意你的想法，而应牢记一句话——对他人的意见不论对错先表示尊重。

◎别盯着别人的错误不放◎

当面指出别人的错误会让人难堪，说服的效果也不一定好，所以我们要用委婉的方式。

常言道“忠言逆耳”，但真正能接受逆耳忠言的人毕竟不多。直接指出对方的错误，无疑会伤害到别人的自尊，别人即使错了，也不会接受你的意见。相比之下，间接指出他人的错误则可以避免许多争吵与矛盾，既把事情的原本意思表达出来了，又不伤害当事人，这对于建立和谐的人际关系有着极大的帮助。

一个村庄里住着一位智者，方圆百里的居民都非常尊敬他，不管男女老少谁遇到烦心事都来找他，请求他提些忠告。

有一天，一个愁眉不展的年轻人来到智者的住处，因一些人际关系的困惑而来求他提些忠告。

智者听完他的倾诉，笑而不语。他拿来两块木板、一撮螺丝钉、一撮直钉、一把锤子、一把钳子和一个改锥。

他默默不语，先是用锤子往一块木板上钉钉子，木板很硬，他费了很大劲都钉不进去，倒是把钉子砸弯了。他不说话，继续钉，一会儿工夫，好几根钉子都被他砸弯了。后来，他用钳子夹住钉子，用锤子使劲砸，钉子总算歪歪扭扭地钉进木板里面去了。但这个时候，木板已经裂成了两半。

年轻人疑惑地看着智者，只见智者又拿起螺丝钉、改锥和锤子，只把钉子往第二块木板上轻轻一砸，然后拿起改锥拧了起来，没费多大力气，螺丝钉就钻进木板里了，而且天衣无缝。

智者指着两块木板笑笑说："忠言未必逆耳，良药未必苦口，人们津津乐道的逆耳忠言、苦口良药，其实都是笨人的笨办法。硬碰硬有什么好处呢？说的人生气，听的人上火，最后伤了和气，好心变成了冷漠，友谊变成了仇恨。我活到现在，只有一条经验，那就是绝对不直接向任何人提忠告。当需要指出别人错误的时候，我会像螺丝钉一样婉转曲折地表达自己的意见和建议。"

其实，每个人都会犯错误，有的时候我们明明知道自己错了，却仍然嘴硬地不愿承认，其实就是为了那点小小的尊严——承认自己错了，就太没面子了。这时要是有人毫不客气地指出我们的错误，我们不但不会感激他的"逆耳忠言"，说不定还会对他怀恨在心。

己所不欲，勿施于人。既然我们自己都无法坦然接受别人直接指出我们的错误，就更不应当对他人的错误处理得过于生硬，否则只会伤了对方的感情和自尊，却不会让他人接受你的意见。

下面让我们来看前门大街一个卫生监督员"执行任务"的小片段：

一个40多岁的中年人在一家副食店门口吐了一口唾沫，女卫生监督员迅速赶到他面前。

“好哇！你在这儿吐痰！”女卫生监督员说。

“我不是故意的……”中年人不好意思地解释。

“呦！你还想故意呀？”她说。

“谁想故意了！”他反驳。

这时，围过来一群看热闹的人。

女卫生监督员更来劲了：“这么大人了，还这么不讲卫生，真没素质！”

中年人也不甘示弱：“我就这样！你说这怎么办吧！”

“罚款！交五元！”

“给你 20 元，我再吐三口！”他掏出 20 元，又真的吐了三口唾沫，围观的人们惊得目瞪口呆。

显然，女卫生监督员生了一肚子气，被罚款的人也没有受到教育。

我们在说服别人时，常常会不自觉地抱有这种心态，那就是想要说服别人，一定要让对方相信你是对的，可有时候想要证明自己是对的就是要去证明对方是错的。因此，当我们发现对方有明显的错误时，会心急地指出这一点：“那是错的，任何人都会认为那是错的！”殊不知，这样一来对方的自尊心就受到伤害了，一种自我保护的本能，让他不那么轻易承认自己是错的，就算不得不承认，他心里也会非常别扭，怎么会心甘情愿地和你合作呢？因此，为了保护对方那小小的尊严，即使发现了对方的错误，也不要立刻指出，而应采取间接的方式，继续进行说服。

贾太太最近请了几位工人到家里装修房子。刚开始几天，每次她回家的时候总发现院子里乱七八糟的，到处都是木屑。贾太太心想，这批工人技术不错，还是别挑三拣四地惹人家不高兴，可是把院子弄得这么乱也确实让人头疼，怎么办呢？她想了一个好办法。

这天工人们离去之后，贾太太和孩子把木屑清理干净，堆到院子的角落里。第二天早上，她把工头叫到一旁，对他说："谢谢你们昨天把院子清理得那么干净，没有惹得邻居们说闲话。"从此以后，工人们每天完工之后，都把木屑堆到院子角落，工头也每天检查院子有没有清理。

想必我们都不会忘记自尊心受到践踏的那种感觉，有时候，事情已经过去多年，一想起来心中仍然隐隐地懑闷，可见自尊心是每个人心中最敏感的地带。所以，要想说服一个人听从我们的意见，必须用心保护对方的自尊心，在必须指出对方错误的时候，应想尽一切办法避开那些有可能伤害对方自尊心的言辞，把批评的话说得"拐弯抹角"一点。

第5章 / 对症下药
说服所有人的秘密

> 所谓“千人千面”，同处大千世界的人虽然熙来攘往、形形色色，然而总结起来不过几种类型。若你能将这那几种类型共通性的人格特性捻熟于心，那你便可在说服的过程中对症下药，收到无往而不利的神奇效果。

◎打消对方的疑虑，激发他的冲动◎

面对犹豫不决的人，我们就要点燃他心中的冲动之火，烧掉对方心中的疑虑。

在工作和生活中，我们不时地会听到这样的教导与鼓励——心动不如行动！这句话真是说起来简单做起来难。很多人在处理事情的时候要么顾虑太多，要么不知道如何决策，于是左思右想，就是拍不下板、点不了头，结果往往在犹犹豫豫中把时间和机会都耽误掉了。

我们如果用心观察在商场试衣服的女孩就会发现，很多女孩在试穿一件漂亮而又合身的衣服时是极为兴奋的，但试好了，看了价格，该下决心的时候，她们兴奋的情绪就会渐渐冷却下来，开始犹豫到底买还是不买。在这个犹豫的关口，如果店里的服务人员能够趁热打铁，重新唤起女孩们试穿时的兴奋与冲动，那么这笔生意就能做成。反之，一旦女孩们犹豫的时间长了，兴奋劲儿过去了，理性压倒感性了，那么购买的欲望也就淡了。这就好比一壶水，本来已经接近沸点了，但柴火被退了出来，结果这壶水自然就慢慢凉下来了，想要把它烧开，必须在这个当口加上一大把柴。

小苏是一位汽车销售员。这天，她像往常一样在店里接待客户，一位女士从对面一家美容会所走出来，不经意间走进了小苏所在的4S店。她绕着展厅打量了一圈后，对一款宝石蓝色的新款车产生了兴趣。小苏详细地为她介绍了这款车，客户听完之后有些心动，于是小苏又带着她试驾了一番，客户对车子感觉良好，跟小苏表示下次再来买。小苏知道这位女士并不是专程来买车的，只是碰巧到店里转一转，但又看得出来她已经喜欢上了这款车，只是还没有下定决心。这时如果趁热打铁，她很有可能把这辆车买了。于是小苏说道："这辆宝石蓝色的车是最新的车型，非常走俏，现在很多店都缺货，客人们得等上两三周才能提到车，我们店里也就剩下这一辆了。"

那位女士听了这番话，终于拿出银行卡，打算付款了。就在小苏领着客户到款台刷卡的时候，客户突然又停住了，还是有些犹豫地说道："我今天也就是随便进来看一看的，才一两个小时时间，我现在就要把这款车买回家，你说，我是不是太冲动了？"

小苏知道，客户现在内心斗争很激烈，成与不成就在此刻了。于是她微微一笑，镇定地回答道：“柳女士，您有这样的感觉就对了！不是您太冲动了，而是这款车本身就会令人冲动！不仅仅是您，每天走进我们店的女性朋友有一大半都会被它吸引。但是，只有冲动还不够呀，很多客户虽然很喜欢，但是很少有人能像您一样成功，这么年轻就能够独立地买车。所以呀，您是有冲动的资本的，这款车绝对值得您冲动一回！您想一想，春日融融，开着这样一款闪耀着宝石蓝色彩的新车，把车顶天窗打开，让阳光洒进来，让暖风吹进来，再放上一两曲轻音乐，这才是属于您的生活，您说呢？”

柳女士听完这番话，犹豫的神色一扫而光，面露喜色地递出了银行卡。

这位柳女士是一位较为感性的客户，她原本并没有买车计划，只是因为喜欢便产生了购买的冲动。但汽车毕竟是大型的消费品，再冲动的人，在决策关头也会仔细想一想，于是就产生了理性和感性的博弈。这时候，小苏先是暗示客户该款车型很紧俏，错过了可能就要等很久才能提到车，这是在激发对方的危机感。接着，在客户质疑自己是否“太冲动”时，小苏的回答更是巧妙，她既没有承认客户的购买确实是“太冲动”了，也没有睁眼说瞎话般说客户根本不冲动，而是顺着客户的感觉与感受，让她对车子更加喜爱，更加“冲动”。最终，感性完全压过了理性，客户毫不犹豫地选择了购买。

从这个故事中可以看出，要想说服一个犹豫不决的人，最关键的就是让他相信“机不可失，失不再来”，打消他的疑虑，激发他的冲动感，只有这样，才能让“这壶水”达到沸点。

◎幽默和自嘲必不可少◎

一句不经意的赞美，是打开清高之人心灵的最佳钥匙。

自命清高的人，对自己自视甚高，对他人要求也甚高，所以总会给人一种曲高和寡、高处不胜寒的感觉。如果你入不了一个清高之人的“法眼”，那么要想说服他是非常困难的。但是，这类人也是有弱点的，正因为其清高，所以他们在审视别人的时候，总是带着居高临下的优越感，觉得普通人与自己比起来有着明显的落差。我们如果能够迎合对方的这一心态，一方面给对方以真诚的赞美，有意抬高对方的身段，另一方面稍稍来一点幽默的自贬，主动放低身段，在这一高一低、一赞一贬之间，对方会获得极大的心理满足，对我们的看法会大大改观，好感也会大大增强。

老徐是一位经验丰富的企业培训师，最近他所在的公司花大力气挖了一个名头很响的培训师回来。这位明星培训师叫方东，40出头，是剑桥大学的博士，曾经在好几家世界500强企业有过辉煌的履历，才华非常出众。但是方东也有一个毛病，他这个人很清高，不是很乐意与其他同事打成一片。

有一次，为了相互切磋学习，老徐和其他几位培训师一起去旁听方东的讲课。听完课，老徐一出门，就忍不住跟一位同事讲道：“这个方东果然名不虚传！别看他平时话不多，讲起课来可是句句说到点子上，从头到尾，一点虚的东西都没有，处处都是实用的！真是山外有山、人外有人啊原来觉得咱在这一行也算经验丰富了，今天才知道，我想要赶上方东得靠开火箭啦！”

过了一会儿，方东整理好东西出了培训室，尽管平常不太合群，但他还是特意来到同事中间问问大家对于他的课有什么建议。还不等老徐说话，那位同事就心直口快地说：“方东呀，你可真行，老徐平常老吹牛说自己是公司最牛的培训师，可今天听了你的课，他可服了，说你句句说到点子上，讲的都是实用的。他还说，他是开火箭也追不上你喽！方东呀，你可是替我们出气啦！”

方东听了这番话，知道这位同事是在开老徐的玩笑，但脸上还是浮现出笑意，郑重地对老徐说了句“谢谢”！从这以后，方东还是那个清高的方东，但是对老徐却热情了许多，老徐则继续在方东面前表达出由衷的敬佩和自愧不如。时间长了，老徐和方东成为好朋友。

老徐之所以能得到方东的青睐，就胜在他的那一番话。他一方面真诚而热烈地称赞方东的授课能力，另一方面又不失风趣地自贬了一通，进一步凸显了对方东的钦佩。当然，最妙的是老徐的这一番话是由快嘴的同事说出来的，显得更真实，也更有诚意。因为有了这一通话，方东才放下了清高的架子，一下就对老徐有了好感，和老徐成了朋友。

一个自命清高的人，多多少少都有一些值得骄傲的“资本”。正因为有这样的“资本”，所以他们比普通人更渴望得到欣赏，更渴望得到一位伯乐一般的知音。因而，与清高的人相处，我们要学会欣赏，学会发掘，学会赞美，做他们的伯乐，做他们的知音，这样才能很快被他们接纳。

◎给挑剔之人来个釜底抽薪◎

要说服吹毛求疵的人，你要狠狠地揪出他们在乎的那个点。

做买卖的人都知道一个道理——“挑货才是买货人”。正是因为想要买，才对一个东西寄予那么高的期望。一个吹毛求疵的人，表面上看起来很难应付，但其实他的挑剔已经暴露了他的弱点与软肋。没有在乎，又何来挑剔？所以，只要我们掐准了这一点，就能应对自如地与爱挑剔的人共处。

“鸡蛋里挑骨头”、“横挑鼻子竖挑眼”、“挑三拣四”、“挑肥拣瘦”……我们常常会用这些生动而又形象的词语来描述一个吹毛求疵的人。这类型的人，很喜欢与人较真斗嘴、争长论短，在某些事情上会非常固执地左右挑剔，这也不满，那也不满，总是纠缠不休。

与吹毛求疵的人打交道，是一件很头疼的事。我们如果与他针锋相对，他挑什么刺我们就跟他摆事实、讲道理，只能让他更兴奋，变本加厉地给我们找毛病，那争执就会没完没了。这时候如果我们显示出不耐烦，就中了对方的计，不但事情办不成，反倒责任都归到了我们身上。可是，如果我们保持沉默，对对方的挑剔不加理会，对方一方面会觉得自己被轻视了，另一方面还有可能把我们的沉默理解成默认，从而更加笃定自己挑剔得有道理，以致酿成更大的误解与误会。

其实，要说服这种类型的人，我们首先要读懂他们的心理。一个人为什么会对某些事、某些人或者某些东西吹毛求疵呢？原因很简单，是因为在乎，越是在乎，就越是挑剔。有一句俗话说得好，“事不关己，高高挂起”，如果不在乎、不关己，那么一个人就算再喜欢挑剔，也未必乐意抽出时间与精力去纠缠无谓的事务。比方说，“望子成龙”可以说是天下父母共同的心愿，很多父母对自己的孩子总是不满意，总觉得有地方还可以改进，即使孩子已经做得很好了，他们还是觉得孩子可以做得更好。可是，你有见过哪个父母对别人家的孩子要求这么高，希望别人家的孩子做得更好的吗？由此可见，对一个事物吹毛求疵，并不是因为这个事物不够好，而是因为太在乎、太重视，才恨不得它能够十全十美。明白了这一点，再与吹毛求疵的人相处，就不会觉得麻烦了。这类型的人有一个潜藏的“死穴”，那就是“在乎”，而我们只要抓住了这个“死穴”，就很容易破解对方的挑剔。

小高是一家房地产公司的经纪人，专门负责二手房的买卖业务。有一位姓罗的客户想买一套房子，以方便孩子上小学。刚好小高公司有一套房子，紧邻当地最好的一所双语学校。罗先生来看了几次房，因为业主要价较高，所以一直没有定下来。

这次罗先生又来看房，小高清楚罗先生已经有了比较明确的购买意向，之所以迟迟不定，是为了再压压价。果然，刚进小区，罗先生就抱怨道：“小高，说实话，这小区真的太偏了，离市区至少得一个小时车程，我每次来看房都不方便。”小高一听，一点也不着急，指着小区旁边的双语学校说道：“罗先生，这个小区正是因为离市区远，所以才清静，最适合学习了。您看，那边就是咱们市最好的双语学校，小学部和初中部都有。您孩子以后上学放学，连马路都不用过，又安全又省心，十来分钟就能走到了。这样您也放心，不是吗?”

罗先生想了想，点点头，随着小高往楼上走。进了那套待售的房子之后，罗先生扫了一眼，又板起了脸，敲着斑驳的墙壁对小高说：“你看看，这套房至少有十几二十年的房龄了，这墙都成这样了，天花板还漏水呢！这样的房子还卖那么贵，能住人吗?”小高早有准备，笑盈盈地回应道：“您说得是，这个小区的房子确实都是十多年前建的，但质量过硬，这些年从没出过问题。对了，您知道吗，这套房在这个小区里还挺有名的呢，这些年里，这套房换了两任主人，第一家的孩子考上了北大，后来搬走了，接着住进来的那一家的孩子进了麻省理工大学。所以啊，大伙都说这套房子福星高照。”

罗先生眼前一亮，但很快克制住兴奋的情绪，继续说道：“有福是好，但这套房子也太贵了点，附近的其他房源我也看过，比这套房要便宜十来万呢!”小高点了点头，说道：“这倒也是，没办法，这个小区的房子一直这么火，主要是这些年咱们市的状元基本上都被这所学校包揽了，而历年的状元有一大半都在这个小区住过，所以很多家长都想把家安在这里，给孩子最好的教育环境，结果这里的房价比周边房源总要高出一截。罗先生，不知道我跟您提过没，去年的省状元也是这所学校培养出来的，他们家就在您这个单元呢。”

罗先生一听，立刻追问道：“真的？那个学生的事我也听过呢，他们家真在这个单元？”小高答道：“是的，您搬进来以后，可以和他们家多走动，那个学生的父母很和气，跟邻里都很合得来。我相信，您的孩子有您这样的好父亲，给他提供这么好的学习环境，将来肯定也会和那位省状元一样前程似锦的。将来一个单元出两个状元，可更要传为佳话了！”罗先生听到这样的话，笑得合不拢嘴，终于不再挑剔了，很快就将这套房子定了下来。

这个故事中的罗先生在看房时一直在挑剔房源的毛病，以求压低价格，其实这恰恰是他想购买这套房子的表现。小高正是看透了这一点，牢牢抓住了客户的“死穴”——想买一个有利于孩子学习的房子，才能对症下药，不被对方牵着鼻子走。不管客户如何挑刺、如何抱怨，小高始终紧扣住“学区房”、“状元房”来推介，最后由不得客户不动心。

所以说，与一个吹毛求疵的人打交道，我们不能采用“兵来将挡、水来土掩”的方法，而是要“釜底抽薪”，我们应该沉下心来想一想，到底对方如此挑剔却又舍不得放弃的原因是什么。只要找到了这一“死穴”，我们就能变被动为主动，百发百中，让对方的需要战胜挑剔。

◎用真诚平息对方的暴躁◎

用真诚打动那些“纸老虎”们。

达尔文有句名言道：“人要是发脾气，就等于在人类进步的阶梯上倒退了一步。”的确，脾气暴躁的人是很不容易相处的，他们大多眼睛里容不得半粒沙子，在是非对错上观点鲜明，一旦和他们的观点相冲突，他们就像火药桶一样，随时都会“轰”地爆炸开来。脾气暴躁的人不能很好地控制自己的情绪，只要稍不顺心顺意，就很可能“怒发冲冠”，丝毫不顾及别人的心情与感受。所以，面对一个脾气暴躁的客户，应该采取敬而远之的态度，即使跟他打交道，也是“狐狸吃刺猬——无从下口”。

其实，脾气暴躁的人都不是什么大奸大恶之人，往往只是嫉恶如仇而已。老话说得好：“仗义每多屠狗辈，负心皆是读书人。”又比如说：“宁学喝酒醉，不学下棋心。”他们都属于那种没有“花花肠子”的人。因此，我们遇到脾气暴躁的人时，不要把他们当作洪水猛兽，而应该信任他们，以柔克刚，以弱制强，以情动人，这样才能与之相处融洽。

威尔经营了一家清酒公司。有一次，公司开发了一种新品种的清酒，威尔在扩大市场的过程中发现了一个拥有 30 多家连锁饭店的潜在大客户竹下。于是威尔去拜访了竹下多次，目的是想把新的清酒推销给他，然而竹下脾气不太好，每次刚说没几句，他就不耐烦地下逐客令了。

威尔不想放弃，于是再度拜访了竹下。这一天，他刚走进竹下的办公室，就听到他生气的声音："你怎么又来了？不是跟你说过我没空吗？赶紧走，我没时间理你。"

换了谁心里也会不舒服的，但是威尔没有扭头就走，而是真诚地问道："竹下君，您有什么烦心事吗？我每次来都发现你心情不好，不如给我说说吧。"

话音刚落，竹下愣了一下，随即拍了拍前额，情绪也有所平缓。威尔接着和气地说："竹下君，我知道您经营这么大的公司不容易，每天都要应对很多事，但是一定要注意身体，要是有什么烦心事的话，不妨跟我说说吧。"

竹下终于露出了笑容，拉着威尔坐下来，无奈地说："威尔，我最近烦死了，我好不容易花了三个多月时间培养了三个分店经理，什么东西都准备好了，刚要开这三家分店，这三个经理却被竞争对手高薪挖走了，你说我能不生气吗？"

威尔安慰地拍了拍他的肩膀说："竹下君，您以为只有您才有这么烦心的事吗？我也一样啊，我最近不是有新产品上市嘛，所以几个月前招了十几个新的销售人员，好不容易培养了他们这么久，结果才三个月，十几个人走得只剩下五六个了。"

这下他们两人找到了共同话题，接下来便相互大倒苦水。最后，威尔站起来笑道："竹下君，咱们不谈这么烦心的事了。我车上正好带了一箱新清酒，不如我搬过来让您免费尝一尝，不管好不好喝，也可以解解心烦。”

竹下听完顺口说道：“好啊，那就搬上来吧。”结果可想而知，竹下不仅成了威尔的大客户，而且成了他的一位好朋友。

从这个例子可以看出，竹下是个脾气不好的人，但威尔并没有对竹下的逐客令而感到气愤，而是真诚地关心对方。正所谓“伸手不打笑脸人”，面对这样善意的关心，竹下就是有再大的火气，也不会发泄出来的。而且，威尔很聪明地利用竹下的烦心事，大谈自己的烦心事，使两人迅速有了共同话题，拉近了两人的距离。接下来，生意成功就是水到渠成的了。

没有人喜欢乱发脾气，通常脾气暴躁都是有原因的。所以，当我们遇到这样的人时，不要和他针锋相对，那样只会让局面更难以控制，反而葬送了这笔生意，而应该从关心对方入手，尽量知道导致对方情绪不稳定的原因，看能不能帮上忙。事实上，脾气越暴躁，内心就越压抑，此时他们是非常渴望有人能够理解、帮助、关心他们的，如果此时我们能够真诚地关心他们，他们一定能感受到你的真诚，也就不会对你发脾气了，从而有利于拉近彼此间的距离。

◎说服匆忙的人，要学会提纲挈领◎

关键时刻，要懂得快刀才能斩乱麻。

麦肯锡公司是世界著名的咨询服务公司，公司有一个著名的“30秒电梯理论”，据说这一理论来源于一次沉痛的教训：麦肯锡公司曾经为一家重要的大客户做咨询，咨询结束后，项目负责人在电梯间里遇见了对方公司的董事长，该董事长问麦肯锡的项目负责人：“你能不能说一下现在的结果呢?”当时电梯下到一楼只需要短短30秒的时间，毫无准备的项目负责人无法在这么短的时间内跟客户说清楚咨询的要点，就因为这样，麦肯锡失去了这一重要客户。

从那以后，麦肯锡要求公司员工凡事要在最短的时间内把结果表达清楚，因为一般情况下人们最多记得住一二三，记不住四五六，所以凡事要归纳在三条以内。后来“30秒电梯理论”成为商界广为流行的一条法则。

麦肯锡的这个故事反映的正是当今社会的一种常态：快！社会节奏越来越快，人们越来越匆忙，时间成了最宝贵的资源，“一寸光阴一寸金”的说法一点也不为过。有些人是因为工作的需要而来去匆匆，有些人则是本性如此，做事雷厉风行，连说话都是干净利落的，毫不拖泥带水。这两种人都不喜欢别人拖拖沓沓，浪费他们宝贵的时间。

与这类快节奏的人打交道，千万不能拖泥带水，你在这儿慢条斯理、一五一十地说，对方听得心急火燎，越来越不耐烦。要想说服这种人，最重要的一点就是要合得上对方的节拍，从说话到办事都要注重速度与效率，为他节省了时间，才能赢得他的好感。

一家公司正在为老总招聘专职司机，经过层层选拔，留下来的只剩两个人了，最后这一关要老总来亲自拍板。老总自然是非常忙的，每天的日程都排得满满的，秘书好几次想找时间让老总见见两位候选的司机，都因为老总事务繁忙耽搁了。最后，秘书没办法，找了老总吃午饭的时间安排两位司机来进行最后的面试。

老总边吃饭边让两人分别进行一下自我介绍。第一位司机很想抓住这个难得的机会，在老总面前表现一把，洋洋洒洒地讲了十多分钟。他回顾了自己过去的工作经历与驾驶经验，最后又总结道：“我将来如果能够为您开车，一定把车收拾得非常干净，遵守交通规则，保证您的安全，而且我一定随叫随到……”等他介绍完，老总的午饭也吃得差不多了，眼看就要回办公室上班，留给第二位司机的时间只有一两分钟了。

第二位司机注意到老总刚才听了十多分钟已经有些不耐烦，也意识到留给自己的时间很短，于是他清了清嗓子，朗声说道：“您的时间很宝贵，我简单说。我过去工作时一直坚持三条原则，以后如果能为您开车，我仍然会坚持三条原则，那就是——第一，听得，说不得；第二，吃得，喝不得；第三，开得，使不得。我过去这样做，现在这样做，今后还会这样做。”

老总听了这番话，立刻明白了这位司机的意思——所谓“听得，说不得”是指，司机必须要嘴严，在车上听到老总与别人的谈话，坚决不能向外泄露半句；所谓“吃得，喝不得”的意思是，司机要经常接送老总外出应酬，有时还免不了和老总一起吃饭，但是饭桌上千万不能沾酒，这样才能保证老总的生命安全；而“开得，使不得”就是，在老总不用车的时候，司机也不能开着车去办自己的私事，必须公私分明。这位司机言简意赅，用最少的话传达了最重要的信息，节约了老总的时间，也显示了自己雷厉风行的性格，老总当场就决定录用他。

说清楚一件事并不难，只要给的时间够多，大多数人都能做到。但是能做到长话短说、三言两句就将意思明明白白、完完整整地表现出来可不容易。一般人都不喜欢听长篇大论，性子急、快节奏的人更是如此。因此，要想说服这类人，我们一定要快速地调整自身，训练自己讲话简洁、做事高效的能力，只有这样，双方才能达成同一频率，也才会形成共振，产生共鸣。

◎别急着说服谨慎之人◎

面对谨慎之人，我们要学会“打太极”。

俗话说，“心急吃不了热豆腐”。一个人要是习惯了慢慢走，就算拿鞭子抽他，他也跑不快，还很有可能一气之下连走都懒得走了。因此，对付这类人，一定要拿出百分之一百二十的耐心，给他充分的空间，让他自己慢慢作出决定。相反，你越是逼他，他就越是反感，这只会导致他更加不相信你的话。谨慎的性格决定了他们的行事风格，只有对一件事有了通盘考虑、缜密铺排，他们才愿意行动。因此，要想说服小心谨慎型的人，必须有足够的耐性和包容，千万急不得。

小艾是一个房产公司的经纪人，最近她在帮一位姓宋的女客户寻找一套二手的小两居。由于是第一次买房安家，所以客户非常小心谨慎，连着一个多月，前前后后看了七八套房，最后终于对其中一套比较有意向。跟业主谈定价格后，这位宋姐思量再三，终于一咬牙交了两万定金，算是定下了这套房，并跟小艾约好第二天再过来签合同。小艾原本以为终于可以松一口气了，不料宋姐交完定金，走出店门没几步，立刻又心事重重地折了回来，犹犹豫豫地跟小艾说道：“小艾，我……我能不能把定金拿回来啊？我觉得自己好像还是没有考虑清楚，刚才太急了，这买房的决定做得太仓促了。”小艾看着客户一脸惶惶然的样子，顿时明白了，客户可能是有些过于谨慎小心了。于是，她笑着拉过客户，说道：“宋姐，您不要太紧张，来，先坐下来。”

宋姐坐下来后，小艾给她倒了一杯水，等她情绪慢慢平复了一些，才温和地说道：“其实呀，宋姐，我很理解您的心情。过去，我接待的好几位客户，都和您一样，虽然交了定金，但心里非但不安稳，反而更加七上八下了，您是不是有这样的感觉?”小艾的一番话说到了宋姐的心坎里，她不由得连连点头道：“对呀，对呀，小艾，我不怕你笑话，我现在心里跟乱麻一样。”

小艾安慰地拍了拍宋姐的胳膊，笑着说：“宋姐，您有这种感觉就对了。不瞒您说，我上个月也接待了一位大姐，她交了定金后，还没走出我们这个店门口，眼泪就忍不住了，当着我的面就哭了。我真的特别理解，买房对咱普通老百姓来说，那是一辈子的事。两口子年轻轻就省吃俭用地攒钱，平时下馆子也不敢随便下，给自己买件衣服都要考虑半天，攒上十几二十年，终于够买房了，把定金一交，就等于快有一个安安稳稳的家了。这在外人看来，只觉得能买房够潇洒，可是谁知道您心底的感受呢。怕，怕的是买下的这套房将来万一不满意；喜，喜的是一家人从此有了安家之地；慌，慌的是一大笔积蓄投进去了，心里多少都有些空落落的。又怕又喜又慌，这些感情一时间全堆在心里，又说不出来，心里七上八下的，恨不得立刻拿回定金跑回家去，好好让自己平静平静。您说我说得对不对?”

宋姐听了小艾这番知心话，眼眶都红了，激动地说：“小艾，你这一番话真是说到我的心里了。不怕你笑话，我这心现在还在‘扑通扑通’地跳，不知道买下这套房是对还是不对。”小艾非常理解地点点头，说道：“宋姐，您看是不是这个理儿，人如果习惯了一种生活，突然要改变了，肯定会不习惯、不舒服，心理慌慌的不踏实。您辛辛苦苦半辈子，现在终于要有自己的房子了，这是多么大的一个变化呀，心理不适应那是正常的。要换作我，啥时候也能像您一样，靠自己劳动买得起房子，我不激动死才怪呢。”客户一听，不好意思地笑起来，如释重负地叹道：“被你这么一说，我心里真的舒坦多了。”

看到客户真的想通了，小艾又郑重地说道：“宋姐，您放心，我们是正规的中介，绝对不会强买强卖的，如果您坚持要拿回定金，我们也会尊重您的选择。您再想想，想好了的话我就办退款手续。”通过刚刚的交谈，宋姐心上的石头已经卸掉了，这时又听到小艾这样说，她终于彻彻底底地定下心来，于是连连摆手，很确定地跟小艾说：“不用了，我想明白了，你刚才说得对，我只是心里有些堵，慌了神，这定金我不拿走，明天我一定和老公过来签合同。”

故事中的宋姐，就是一个小心谨慎得过了头的人，好不容易做了个决定，但又没有勇气去承担，只好临时反悔。小艾正是看透了宋姐的犹豫不决是担心所导致的，这个时候她如果坚持劝宋姐买房，反倒会增加对方的疑虑，这单生意就要泡汤了。所以她没有催着或逼着客户，反而充分地调动同理心，慢条斯理地剖析出客户内心深处的难受、恐慌、彷徨与不安，将客户心里的疙瘩一一解开，既解除了客户的心理障碍，又让客户感觉到了温暖。正是小艾这种软着陆的处理方式，使得宋姐对小艾产生了百分百的信任，终于下定决心，买下了房子。

所以说，越是面对小心谨慎的人，越是不能有一丝一毫的急躁。小心谨慎的人就决策速度来说，确实是慢了点，但好处就是，这类人经过缜密考虑后，一旦作了决断，就会一条路走到底，很少会反悔。所以说，我们的耐性、包容和理解最终能赢得巨大的回报。

◎不按套路出牌才能打败那些“老狐狸”◎

开门见山，直奔主题是对付老滑头的制胜法宝。

我们常常把一些老谋深算、圆滑老练的人称作“人精”、“老狐狸”、“老滑头”，这类型的人大都有着丰富的社会经历与经验，城府很深，长于计谋，遇人遇事喜欢反复推敲琢磨，谋定而后动，以求最大限度地保护自己的利益。与他们打交道，可不是一件轻松的事。

布费尔是一位生意场上的高手，纵横商场十多年，老练世故，极难对付。他最擅长的就是商业谈判，任何谈判他都做到能知己知彼，让对手占不到半点便宜。

他在为一家美国公司承担采买任务时，曾与日本一家公司打交道。

对方代表名叫武田明，当时他给出的商品报价是60万美元。布费尔在收到报价后，特地派人到武田明公司考察他们的产品，最后的成本核算结果表明，武田明的产品成本在54万美元左右。因此，布费尔打定主意，再次洽谈时一定要把价位压到54万美元。

三天后，双方开始洽谈价格。谈判刚开始，武田明就开门见山地声明："对不起，布费尔先生，对于上一次60万美元的报价，我必须做一次更改，经过重新核算成本，我们现在的报价是70万美元。"说这番话的时候，武田明语调沉稳、态度坚决，完全不像是凭空改变了报价。这一来，布费尔有些糊涂了，不由对自己此前所做的成本估算产生了怀疑。仓促之下，他决定至少要保住之前60万美元的价格，坚决不能接受武田明70万美元的报价。

于是，接下来的谈判中，双方开始在70万报价的基础上进行讨价还价。最后的结果是，这笔生意以60万美元的价格成交了。

事隔几年，布费尔仍然对这场谈判印象深刻，他回忆起当时的情景："直到现在，我还是不能确定武田明70万美元的喊价到底是真的还是假的。但我仍清楚地记得，最后当我以60万美元的价格跟他成交时，我看见他狡黠地笑了一下。我想，当时他是彻底把我的阵脚打乱了，所以我才会有那一次的失手。"

布费尔就是一个典型的商场"老狐狸"，他步步为营、精心盘算、志在必得。遗憾的是，武田明技高一筹，他看准了布费尔要狠狠地打压价格，所以先下手为强，在布费尔出招之前，开门见山地提出要提高报价。这一极为反常的行为彻底扰乱了布费尔的铺排，将他原先设计好的一盘棋全打乱了，使主动变成了被动。最后，布费尔被武田明的报价所牵制，在这次谈判中落了下风。

世故老练的人为人处世是以深厚的社会阅历作为根基的，这里边的规则早已被他吃得烂熟，在这个时候，我们的“不按套路出牌”恰恰能够打乱对方的阵脚，杀对方一个措手不及。

◎扬短避长的妙用◎

笨嘴拙舌，让滔滔不绝的人无言以对。

一个身经百战的英雄，最怕的不是强大的对手，因为越是强大的对手越能激发他的潜能，让他变得更强。相反，他最怕的是找不到等量级的对手。同样，一个能言善辩的人，最怕的不是遇到口才比他更好的人，而怕的恰恰是“秀才遇见兵，有理说不清”。

一个人口才出众、能言善辩是一件好事，这样的人往往非常自信，相信任何问题都难不住他，从而越是善辩、越是好辩。遇到这样喜好争辩且辩才又奇好的人，我们如果与之争一时之气，以牙还牙，以眼还眼，那只会激发对方更为强烈的争辩欲与求胜欲，双方很可能会吵得无休无止，不仅伤了和气，还可能会断绝关系。其实，与理智好辩型的人打交道，最好的方法是“装傻充愣”，不管对方如何滔滔不绝，我们只需要耐心地听着，不需要刻意地去回应。好辩之人最大的优势在于辩才好，可是如果他们得不到积极的回应，找不到对手，那么就好比对着空气挥拳头，自己费劲不说，还很无趣。久而久之，对方英雄无用武之地，自然就不会再浪费时间逞口舌之快了。

有一家公司要从美国的一家飞机制造公司购买飞机，这家公司派出三位高级职员与美国公司商洽购机事宜。美国公司为了抓住这次商机，确保最大赢利，精心挑选了顶尖的业务精英组成了谈判小组。这几个人口才极佳，在商务谈判中所向披靡，曾经为公司顺利拿下过很多大订单。

之前，美国公司为此次谈判进行了充分的准备，大有志在必得之心。谈判一开始，美方的谈判小组就占领先机，展开了大规模的产品宣传攻势。他们在谈判室内张贴了许多挂图，还印制了许多细致的宣传资料和图片。谈判小组的几位成员花了整整两个半小时，用了三台幻灯放映机，轮番上阵，像播放好莱坞大片一样呈现了一次精彩绝伦的产品演示，同时伴随着引人入胜、妙语连珠的产品介绍。而在整个放映与展示的过程中，买方三位代表一直静静地坐在那里，全神贯注地观看。

展示结束了，美方谈判负责人志得意满地站起来，打开了电灯。他的脸上情不自禁地挂着得意的笑容，仿佛任何人在他们无与伦比的宣传攻势下都会缴械投降。他看向仍然一动不动坐在原地的买方代表，胸有成竹地问道：“请问，你们的看法如何?”

不料，其中一位代表眼神迷茫地说：“抱歉，我们没有太懂。”这句话是谈判小组所有成员都始料未及的，他们脸上的笑容消失了，有些难以置信也有些恼火地问道："你说你们没有太懂，这是什么意思？哪一点还不懂？"另一位买方代表彬彬有礼地回答："我们全部没弄懂。"美方公司的谈判负责人顿时崩溃了，他强压着火气，再问对方："你们从什么时候开始不懂的？"第三位买方代表严肃认真地回答："从关掉灯，开始幻灯展示的时候起，我们就不懂了。"

这一下，谈判小组全体成员都泄了气，负责人灰心丧气地倚着谈判桌，松了松颈口的领带，无可奈何地询问买方代表："那么，那么……那么你们希望我们做些什么呢？"三位买方代表异口同声地回答："能不能麻烦您将刚才的展示重新来一次？"

无奈之下，美方公司的谈判代表只好重新进行演示。第二次演示之后，买方代表仍然提出了很多不懂的地方，于是又有了第三次演示。如此几次三番下来，买方代表终于"懂了"，他们对对方的耐心深表感谢，双方坐下来继续谈判。此时，美方公司的代表们已经被折腾得毫无情绪，只想速战速决，最终的谈判结果是，三位买方代表成功地为公司节约了一大笔资金。

这个故事告诉我们一个道理：要征服一个能言善辩的人，并不一定要比他还能辩、善辩，恰恰相反，有时候扮扮愚、装装傻反而是应对这类型人的最好方式。这就是商场上经常说的"扮猪吃老虎"。善辩的人大都好强，而好强的人大都有一个共同点，那就是遇强则强、遇弱则弱。我们与他们硬碰硬，只会激发他们的斗志，让他们变得更加强大。所以，我们不如以柔克刚，以弱势去回应强势，让对方一记重拳打在棉花上，泄了他的气，双方才有可能摆脱口舌之争，真正坐下来聊一聊切实的话题。

◎巧设悬念，让“闷葫芦”开口◎

找准话题，让沉闷之人开口。

俗话说，一把钥匙开一把锁。世界上恐怕还没有一把锁是压根儿打不开的，哪怕是再精妙、再坚固的锁，只要使用合适的钥匙，都可以轻松开启。一个沉默的人，他的嘴就好像一把锁，并不是绝对打不开的，只是在等一把对口的钥匙而已，而我们要做的就是找到这把能开启话题、引发谈兴的钥匙。

在一家气氛浪漫的咖啡屋里，一对青年男女正进行一场相亲。女孩虽然相貌并不出众，但气质优雅，一双明眸神采奕奕。男子被深深地吸引，他很想和女孩聊天，可是这位女孩不太喜欢说话，一直浅浅地低着头。

这位男子灵机一动，突然冒出了一句话：“你的爸爸……你的爸爸是不是当小偷的?”

在这么浪漫的场合，竟然说出这么无礼的话！女孩不由惊讶地抬起头，带着一丝愤怒回答道：“不是啊！我爸爸……你是知道的，我爸爸是个医生啊！你为什么要说他是小偷啊?”

男子面带微笑，故意沉吟了一会儿，然后慢慢地说：“那就奇怪了，如果……如果你爸爸不是当小偷的，那他又怎么能够到夜空里，将天上的星星偷偷摘下来，放在你的眼睛里呢?”

女孩听了这句话，不由羞怯地笑了。不好意思地瞪了男子一眼，终于抬起头，跟这位男子开心地聊了起来。

我们常说“沉默是金”，但是如果两个人正促膝而坐，那么其中一个人的沉默对另一个人来说绝不是金，而是夏日的火炉、冬日的冰，只会让人坐立难安、度日如年。要是没有人去打破这份沉默，那会是一件相当折磨人的事。

“逢人且说三分话，未可全抛一片心。画虎画皮难画骨，知人知面不知心。”这是《增广贤文》中的一段话，说的是现实生活中，人心难测，千万不要见了谁都掏心掏肺的，要有所保留才行。有些人非常信奉这种观点，总是尽可能少地表露自己的想法与意图，尤其是对那些初次见面或首度共事的人，更是会谨慎一些、提防一些，不会“竹筒倒豆子”一般将自己的真实想法和盘托出，以免给自己惹上麻烦，留下后患。在生活中，我们常常将这种类型的人称为“闷葫芦”，他们遇人遇事都不太喜欢说话、不太喜欢表达，总是藏着掖着，让人捉摸不透。

你不说话，我也不说话，大眼瞪小眼，沟通就会陷入冷场，肯定不利于说服。而如果只是一方滔滔不绝地说，另一方却缄口不言，那这也不是成功的沟通。只有选择有悬念的话题，吊足对方的胃口，让“闷葫芦”开口说话，我们才有可能了解对方，并进一步说服对方。

小杜是一位保险业务员，他的业务能力在公司数一数二，不过最近碰上的客户严先生却让他相当头疼。小杜之前与严先生接触过一次，他发现这位严先生沉默寡言，很难接近。两个人聊起天来，总是小杜一个人在唱“独角戏”，严先生则是一副高深莫测、不置可否的样子，让人摸不透他的底细。小杜打算今天再去碰碰运气，要是仍然不理想的话，那只能放弃这个客户了。

这回一见面，还是老样子，严先生礼貌地给小杜递了一杯水，请他落座之后，就静静地坐在一边，等着小杜开口。小杜心里明白，像往常那样介绍保险的好处，即使自己说得天花乱坠，对方也会像往常一样毫无反应。于是他没有谈保险，而是举起那杯水，问道：“严先生，我只想问您一个问题，您看，就我手里这杯水，我现在 10 元钱卖给您，您会买吗?”严先生愣了愣，见小杜一本正经，不像开玩笑，于是带着点不解摇头道：“肯定不会，它不值那个价。”

小杜并不解释，而是接着问：“假如您三天没有喝水了，我拿着这杯水，100 元卖给您，您会不会要呢?”严先生皱着眉头思考了一会儿，还是摇摇头。

小杜又道：“好的，那么假如您在沙漠里迷了路，走了六七天也没有找到一滴水，再不喝水生命都会受到威胁，这时候，我拿着这杯水到您面前，1000 元卖给您，您会不会买下来?”严先生若有所思，似乎想通了什么，认真地回答：“要真是那样，这杯水我肯定是要买的。”

小杜微笑着点点头，终于不再卖关子，说道：“其实，严先生，我想跟您聊的这个保险，就跟这杯水一样，您现在不需要它，所以 10 块钱卖给您您都不稀罕，但是一旦将来您真正需要它的时候，就算花几十倍甚至几百倍的钱都买不到了。我相信您是个深谋远虑的人，居安思危的道理您一定懂。”

严先生沉思了好一会儿，小杜没有再说话，而是给他充足的时间去思考。过了一会儿，严先生主动拿过小杜带来的保险建议书，认真地翻看起来。最后，他真的按照小杜的建议投了保。

故事中的严先生就是一个自我保护意识很强的人，他不会轻易袒露自己的思想，因为那样容易掉进别人设下的语言圈套。小杜为了打破严先生的沉默，开场一句话也不提保险，反而围绕着一杯再普通不过的水来大做文章，让严先生看不透他的意图，勾起了他的好奇心，使得他开始不由自主地跟着小杜的铺排走，并且渐渐地打开了话匣子。

有时候，一个人沉默寡言，并不是因为他表达能力不好，只是因为没有一个能启发他们谈兴的人，没有一个能勾起他们欲望的话题。所以只要我们多花一点心思，多一点标新立异，找到一个好话题，那么即使是闷不做声的“闷葫芦”，也一定有开口畅谈的一天。

第6章 ╱ 量体裁衣

从对方的需求入手

大地间，“欲望”二字是谁都摆脱不了的。欲望是什么？欲望就是需求。这种需求包括财物上或是情感上的。正因为需求不同，人们才会表现出不同的状态。若你能了解对方的欲望和需求，还愁说服不了他吗？

◎多分给对方一些好处◎

要想说服对方，就要让对方得到实惠。

说服者要想寻求合作，就必须让对方有利可图，只有让对方的求利欲得到满足，才能使说服者的立场、角度与对方一致，说服的效果也会大大增强。

有一家公司主要生产电灯泡，但是公司是新成立的，产品还不具备品牌效应，价格上并不占优势，市场竞争力也不强。于是董事长亲自去各地进行推销，希望能和代理商们积极合作，为该公司的产品打开销路。

董事长把各家代理商召集到一起并向他们推荐该公司的新产品，同时进行合作谈判。谈判过程中，该董事长语出惊人：“经过多年的研发，我们公司终于完成了对这个新产品的投产试用，不过虽然它还不能称得上是一流的产品，但是希望大家以一流的价格来订购本公司的这款新产品。”

顿时，全场一片哗然：“既然不是一流的产品，为什么要求我们用一流的价格购买呢?”

听到代理商们的议论，董事长很镇定地说：“我们都知道，全国只有一家公司的灯泡能够称得上一流，但是他们把整个市场都垄断了，如果他们随意提高该产品的价格，各位代理商仍然会购买。而我们公司的新产品品质优良且价格更便宜，如果各位代理商以相对便宜的价格购买我们的新产品，与高价去购买那家公司的产品相比，所获得的利润哪个更高，我想大家心里都很明白。”

此时，各位代理商纷纷点头表示赞同。董事长继续说道：“在拳坛上，泰森可谓是打遍天下无敌手，其地位就如那家公司在我国灯泡制造业的一样。然而这样一来，就没有竞争对手了，也不会出现一场扣人心弦的比赛了。这时，如果我们公司与那家大公司竞争的话，产品价格就会降低，各位代理商也能获得更多的利润，不是吗?”

“但是为什么我们公司的产品是二流的呢？这是因为我们公司刚成立不久，财力不足，还没有足够的资金用于科研以制造出一流的产品。如果大家能帮忙以一流的价格购买我们的新产品，那么我们将能很快筹备足够的资金用于一流产品的制造。那时，在座的各位将是最直接的受益者。”

就这样，这家灯泡生产厂家顺利地完成了谈判，成了最大的赢家。

质量不是最好的产品却能以最高的价格被代理商们接受，这可以看出人们对于具有巨大诱惑力的利益的抵抗力是很弱的，所谓无利不起早，有利可图的事情人人都会动心。而这位董事长对代理商们晓之以利，最后大获成功恰恰印证了这一点。

司马迁的《史记》中有这么一句话：“天下熙熙，皆为利来；天下攘攘，皆为利往。”这准确地道出了人们追逐利益的本性。而现如今的谈判桌上也集中地体现了这一点。

然而，即使人们都以追逐利益“为说服的重点，也有一些人成为聪明的谈判者，而另一些人却是拙劣的谈判者。”聪明的谈判者都懂得并善于利用人类追逐利益的本性，而拙劣的谈判者只会表现出自己追逐利益的本性。他们两者的利用点都一样，但是采用的方法不一样，其结果也往往大不一样。

刘邦和项羽接受楚怀王的命令，并约定先入秦国都城咸阳城的人称王。刘邦取道武关入咸阳，但军队进发到南阳的时候却遭到南阳太守的誓死抵抗，宛城急攻不下，于是刘邦就将宛城重重包围。而被围困的南阳太守看到大势已去，想要自杀，却被门客陈恢劝阻。

陈恢出城面见刘邦，晓以利害，他说道：“我听闻你和项羽曾约定谁先入咸阳城谁称王。但现在你却把全部的军队用以对宛城层层围困，而宛城是大郡的都会，相邻的城邑有几十个，可谓兵多将广、人富民丰，这里的官员和百姓以为你攻破了宛城就会把这里的人都杀光，所以大家誓死抵抗。而你要想攻下宛城，你的军队必然会遭到重大伤亡，并且会耗费很长的时间，这对于率先攻入咸阳城非常不利。假如你现在率兵离开宛城，那么你是前失咸阳之约，后有宛城的军队追击，这对于你来说也是不利的。我认为你应该派人去宛城向太守劝降，并且厚赏他，这样你西进路上的城邑必定闻风来降，这既有利于你通往咸阳城的一路上畅通无阻，你又不用担心宛城的追击。”刘邦听从了陈恢的劝说，成功攻入咸阳。

陈恢这种“设身处地，晓之以利”的劝说既保全了宛城的军民，同时消除了刘邦西进咸阳城路上的后顾之忧，使刘邦集中兵力攻入咸阳。陈恢晓之以利的劝说切中要害，提出的方案切实可行，其结果是十分成功的。

◎道理人人都会讲，就看你能否讲得好◎

以理服人，也要讲究方式。

俗话说：“有理走遍天下，无理寸步难行。”我们无论说什么话，都要以理服人，一个人如果不讲理，势必会失去别人的信任，从而处处碰壁。

但有时候，同样的道理，不同的人会有不同的说法，不同的说法会有不同的效果，这是为什么呢？老话说得好：“道理人人都会讲，就看你能否讲得好。”

“以理服人”的道理大家都明白，但是要想将这种方法运用得恰到好处、游刃有余，并不是一件简单的事情。因为同一件事，用温和的态度和用激烈的言辞与对方讲道理所取得的效果可能是截然不同的。

俗话说：“不看你说什么，只看你怎么说。”道理人人都会，但是说话是有技巧的，说得好可以打动别人，说得不好却会伤害别人。所以，只有掌握了说话技巧，才能如愿达到自己的目的。

赵孝文王去世后，太子丹即位，也就是孝成王。

孝成王元年，秦国出兵攻打赵国。赵国的三座城池被攻破，秦军疯狂地向赵国进兵。赵国派人前往齐国求救，齐王说：“必须让长安君到齐国来做人质，我们才会派兵救你们。”

当时，孝成王刚即位，赵太后执掌大权。赵太后很宠爱长安君，坚决反对他去齐国做人质。朝中大臣极力劝谏，太后气愤地说：“谁敢再说让长安君去齐国当人质，我就把唾沫啐到他脸上。”朝中大臣想不出好办法，谁也不敢再去劝谏，怕惹太后动怒。

左师触龙听说后，自告奋勇去劝太后。太后听说左师触龙要来劝她，便非常生气地等着他。触龙缓慢地走进宫中，向太后谢罪道：“老臣的腿脚不利索，很久没来拜见太后，因为担心太后的身体，所以来宫中看望。”太后说：“我也老了，走不动了，总是坐车代步。”触龙说：“饭量还行吧?”太后说：“只是喝点稀粥，维持不死而已。”太后见触龙很关心自己，不再满脸怒气，脸色也缓和下来。

触龙见太后和颜悦色，接着说道：“老臣的儿子舒祺年龄最小，我很疼爱他，想让他来宫里做卫士，希望太后准许。”太后问道：“男人也疼爱小儿子吗？”触龙说：“比女人还要疼爱。”太后说：“女人非常疼爱小儿子。”触龙说：“相比长安君，老臣觉得太后更加疼爱燕后。”太后说：“还是更疼爱长安君。”触龙又说：“父母疼爱儿女都会为他们做长远考虑。当年燕后出嫁，您哭得多伤心，但是并不期盼她回来，这是希望她的子孙世代都能为王，替她做长远的打算啊！”太后感叹道：“是啊！”

触龙又说：“赵王封侯的子孙们的继承人还有在位的吗？”太后回答说：“没有。”触龙说：“其他诸侯国，有吗？”太后说：“没听说过。”触龙说：“这是为什么呢？因为他们虽然位高，但对国家却没有什么功劳，如今，长安君也是如此。您一旦离开人世，他靠什么在赵国安身呢？”太后听了，认为触龙说得很有道理，于是送长安君到齐国做了人质，齐国也立即派出了援兵前来救赵。

触龙见到赵太后后并没有像其他朝中大臣那样直接劝谏，而是通过关心太后的身体渐入主题，态度温和、语言委婉地与太后讲道理，消除了太后抵触的情绪。此时，太后不但没有生气，还接受了他的建议。

在交际过程中，我们往往会碰到像赵太后一样根本不想听你说话的情况，那我们就需要换一种说话方式，采用温和的态度和对方说话，切中对方的要害，缓解对方的怒气，这样才有益于对方接受你的建议。

◎要懂得以“情”动人◎

情绪是用来影响对方的，而不是影响自己的。

俗话说得好，“动人心者，莫先乎情”；“精诚所至，金石为开”。这就是告诉我们，情感可以打动人，而且力量是无穷的。一个懂得说服别人的人会巧妙地采用情感反差，激发出巨大的能量，打动人心。比如，将自己的爱憎感推向高峰，而话锋一转，高峰瞬间飞流直下三千尺，给人以震撼感。

“人非草木，孰能无情。”每个人都有各种各样的情绪，当他接触各种事物时，他有可能是高兴快乐的，有可能是烦闷忧伤的，有可能是欣赏爱慕的，有可能是厌恶烦躁的，有可能是狂喜狂怒的，有可能是悲痛恐惧的。情绪是人的各种感觉、思想和行为的一种综合心理和生理状态，是对外界刺激所产生的心理反应以及生理反应，而这又会对人的行为产生影响。

心理学家发现，人们的情绪往往首先会影响到他们对某个事物的判断，如果对人的情绪加以影响，人就更容易说服、动心。

1952年，艾森豪威尔和尼克松作为搭档分别竞选总统和副总统。然而有一天《纽约时报》突然刊登了尼克松在竞选中秘密受贿的丑闻，这让共和党大为紧张，因为这会影响到他们的形象。

于是，共和党在电台给尼克松安排了一个半小时的讲话，以向全国人民澄清事实。但糟糕的是，就在尼克松将要走进全国广播公司演播室时，竞选高级顾问决定要尼克松在广播结束后辞职！此时，尼克松特别气愤，然而更糟糕的是，他竟然把发言提纲给忘了。

“姜还是老的辣”，尼克松凭借自己作为一名老政治家所特有的老练和镇定，很快调整好了心态。他并没有按照发言提纲去给全国听众澄清事实，而是剑走偏锋，把自己的财务状况公之于众，并且告诉大家他是如何花掉每一分钱的。

尼克松的演讲诚挚感人，演讲内容也是每天都发生在选民身边的事情：出身贫寒，年轻的时候为了补贴家用在杂货店送货，读大学的时候也是半工半读；大学毕业后，做了一名律师，后来进入政坛。他们一家人勤俭持家，甚至因为经济不宽裕，他的小儿子买不起皮大衣和小狗，等等。民众们听起来觉得真实可信，感动不已。

演讲获得了巨大的成功。演讲结束后，他的支持者与日俱增，据不完全统计，有超过100万的民众来过电话、信件或是电报。他也因为这次演讲而一夜闻名，成为一颗政治明星。

内容看似非常平常的演讲为什么会获得如此大的成功呢？

因为在民众盯着尼克松的受贿问题时，如果他只是一味地辩解，而没有很直接的证据证明他没有受贿的话，他是很难说清楚的，甚至会越陷越深。但是尼克松并没有进行直接的辩解，而是通过公开自己的财务状况带动民众的情绪，利用自己真实的财务境况触动民众，从而也就澄清了受贿的丑闻。

一般来说，传统心理学把心理现象划分为三个方面，即认识过程、情感过程和意志过程。情感属于心理活动的一部分，对人的各项活动起到影响和调节作用。由于每个人的先天因素不同、生活条件不同、所受的教育不同、所从事的实践活动不同，因此每一个人身上总是带有个人情感特征。心理学的研究表明，情感过程对人的判断力的影响是非常显著的。

例如，奶奶对小孙子说："你要是再不听话的话，狼外婆就要来了。"又比如，母亲对自己的孩子说："你要是再吃糖，牙齿就会坏掉，到时候拔你的牙齿你会很痛的。"再比如，环境保护者对别人说："如果再乱砍滥伐树木，森林绿地就会变成沙漠，就没有水喝了。"

听完这些话后，小孙子就会听话，孩子就不会再吃糖，而人们也会关注环境保护。之所以有这样的效果，就是因为这些话对他们的情感有触动，给他们带来了恐惧心理，从而会影响到他们的行动。

不仅是上述这些例子，许多广告中也采用这样的方法，比如对头皮屑带来的烦恼、蛀牙带来的疼痛、脚气带来的不安等进行大肆渲染，这些都是利用了人们的恐惧心理，让他们的情感有所触动，从而购买这些产品。

恐惧等消极心理能影响和改变人的判断，积极的情绪也会。

消费者往往厌恶自吹自擂的广告，而一个人情味十足的广告却能抓住消费者的心理，这是因为这种积极向上的产品形象会带给观众以感动和情感共鸣，使产品与消费者之间建立深厚的、割舍不断的情感联系，从而使消费者在情感体验和满足中激发购买欲望。

第一次亮相于《北京广播电视报》后，清华清茶广告创了京城报纸广告单期反馈的新高。“老公，烟戒不了，洗洗肺吧。”短短一句话，亲情、关爱、理解、功效等都包含在内。这么短小精悍的一句话迅速传遍全国，也使得清华清茶成为2002年中国保健品市场的营销典范。

当消费者被一则广告感动时，他们的情绪也调动起来了，他们会对这种商品产生深刻而又良好的印象，进而引发现实或潜在的消费。由此可看出，诉诸情绪的广告所激发的能量是无穷的。

综上所述，无论是恐惧情绪还是积极情绪，调节对方情绪是说服别人最有力的武器。一个善于说服别人的人不仅不会使自己的情绪失去控制，更不会被对方的情绪所影响。相反，他会利于情绪有效地影响和调节对方的情绪，使双方的情绪处于一个适合说服的最佳状态。

◎情理结合，方能百战百胜◎

说服是有过程的：动之以情，拉近距离；晓之以理，迫其“投诚”。

如果一个人有了自己明确的想法，那么你即使说再多的道理也是没用的，因为他会本能地对你有抵触情绪。白居易有句话说：“感人心者，莫先乎情。”此时，如果先动之以情，与他交心，便能拉近彼此的距离；

再明之以理，就容易使他改变想法，从而收到较理想的效果。

美国总统林肯在成为总统之前，曾经有过一段律师的职业经历。在他担任律师职务时，曾接手过这样一个案子。

来找他的人是独立战争时期的一位烈士遗孀。这位老妇人颤颤巍巍地来到林肯面前，向他讲述了自己的遭遇。原来，在她的丈夫牺牲后，她一直依靠政府发放的抚恤金度日。但是，发放抚恤金的出纳却经常欺负她，要她缴纳领取抚恤金的手续费，而手续费的金额竟然是抚恤金的一半之多。

林肯得知老妇人的经历后非常气愤，决定帮助老妇人打赢这场官司。可是，想要打赢这场官司，并没有想象中的简单。因为出纳都是口头勒索，所以老妇人手中没有任何可以证明出纳勒索的证据。如果出纳矢口否认，老妇人也束手无策。而事情果然像林肯预料的那样，在庭审当天，出纳否认自己曾向老妇人讨要手续费。

当轮到林肯辩护时，林肯并没有疾言厉色地指责出纳，而是以富有感染力的声音向在座的人们讲述了独立战争时期的情景。当讲到战士们在冰天雪地的恶劣环境下，依然浴血奋战的时候，很多人都留下了眼泪。之后，他话锋一转，继续说道："如今当年的战士都已不在，只留下了他们的家人，看看这位老妇人，她也曾经年轻过，美丽过，如今，她已衰老而孱弱，她为战争付出了自己的亲人，自己却变得无依无靠，只得向我们这些享受着先烈们争得自由的人们求助。难道，我们能当作什么都没有看到，什么都不管吗?"

林肯的发言戛然而止，在座的听众们早已动情不已。有的要给老妇人捐款，有的甚至要斯打被告。所有人都在给予老妇人自己的支持。最后，法庭谴责了被告出纳，通过了保护烈士遗孀不被勒索的判决。

其实劝说别人时，我们应该遵循右脑优先的原则，也就是要先动之以情，再明之以理。我们的大脑是分为左脑和右脑的，左脑分管理性，右脑掌控感性。当一个人先感情用事的话，你绝不能跟他讲道理，因为他的理性会让感性正当化，所以必须让对方的情绪得到缓和，从心里接受你，此时你再明之以理，促使对方进行理性思考，听从你的劝导。

美国管理大师德鲁克在《管理艺术精粹》中写道："没有人靠争论说服过任何人。或许你是世界上最好的律师，但是如果他不愿接受你的观点，你绝对说服不了他。无论你如何争辩，他就是不服。此时，你不要急躁，要淡定，你最需要做的事让他从内心接受你，这样他可能会接受你的观点。"

在美国曾经发生过这样一个故事：有一位少年不小心从地铁的站台上掉到铁轨上，而此时刚好有辆电车飞奔而来，少年万幸保住了生命，却失去了双手。于是他向地铁公司提起诉讼，但法院都认为这是少年自己造成的，地铁公司并无过失。然而，在接近判决的最后一场辩论中，少年的辩护律师说了这样一句让全体陪审员一致赞同的话，从而让他反败为胜："昨天少年吃饭的时候，我看到他直接用舌头去舔碗里的饭菜，这让我情不自禁地掉了眼泪。"

辩护律师这句短短的话却让判决峰回路转，原因很简单，因为我们都是有感情的动物，即使有无数个理由也比不上一个令人感动的事实。判决书看起来是理性的，但却是在人的感情基础上来判决的。

◎语言也是说服别人的武器◎

“良言一句三冬暖，恶语伤人六月寒。”如果你不掌握说话的艺术，怎么能让对方听你的呢？

说话是一门艺术，好的语言既利己又利人，而不好的语言既伤人又伤己。好的语言需要顾全方方面面，比如，说实话很重要，但同时不伤害对方的感受也同样重要。人是一种感情很丰富的高级动物，正所谓“说者无意，听者有心”，有时候对方不经意间的一句话，就有可能让自己郁闷很久。所以，我们需要运用语言技巧，也是为人处世的技巧，说话的时候考虑对方的感受，尽量避免伤害到别人。

张黎是位自尊心强、做事规矩的女孩，但却有几位举止随便、嘻嘻哈哈的同事，她很看不惯。

有一天下雨，一位女同事要出去办事，拿起张黎的伞就要出门。张黎心想：“怎么没跟我打个招呼就拿我的东西啊，太欺负人了吧。”

于是，她就强忍着不快对这位同事说：“你好像拿错伞了吧？”

同事大大咧咧地说：“我忘记带了，借你的用下。”

张黎自然很气愤：“你好像没有跟我说‘借’吧？”

同事不以为意：“用把伞还用得着说‘借’吗？我的东西不是谁拿着就用吗？”

张黎反驳：“我的东西就得说‘借’，没有我的同意，就不能用。”

事情是过去了，但是这也改变了张黎的工作环境，几位同事都不愿意理她，领导也提醒她要注意跟同事处好关系。

张黎愤愤不平，认为自己只是维护自己的权利，难道这也错了吗？

在生活和工作中，我们不难发现有些人脾气一上来，就不顾别人的感受，不管别人是不是能接受，尽说过头的话，甚至连一些难听的话也随口而出。这不仅无济于事，也会严重伤害别人。俗话说得好：“有理让三分”，“得饶人处且饶人。”所以，在说话前我们应该讲究说话的技巧，因为每个人都有自尊心，即便是亲朋好友，也要在说之前考虑下对方的感受。

有一对都是赛车手的兄弟，开车技术都非常棒。有一次，兄弟俩去见一个导演，哥哥让弟弟开车，可是弟弟十分不悦地说：“你开吧，我哪有你的技术好啊！”弟弟为何说出这样的话呢？原因在于，之前有一天兄弟俩参加一个朋友的生日聚会，由于快要迟到了，哥哥带着着急的情绪对开车的弟弟说：“现在都几点了，开快一点行不行，你好歹也是赛车手啊，再慢就要耽误了！”当时车上还有其他人，这让弟弟非常尴尬。

从这个事例可以看出，就算是亲朋好友，说话也要讲究技巧，不要因为是亲弟弟就随便开口，应该考虑到对方的感受。

毫无疑问，以坦诚相待、实话实说这种方式与别人相处是非常好的，但是在不同的场合、面对不一样的人时，言语的直接犀利与委婉缓和让听者的感受是不一样的。

例如，你先生有点胖，你就直说他像肥猪；婆婆因为担心而多说两句，你就说她啰嗦；小姑长得不怎么样，你直白地说她长得寒碜等等。这些话一旦出口，不仅会伤害到听话的人，而且会影响到彼此之间的关系。其实我们完全可以采取委婉的言辞和缓和的语气，比如老公虽然胖胖的，但是不挑嘴；婆婆虽然话多，但是她很会关心别人；小姑虽然长得不怎么样，但是她个性很好。这样的言语，让人听起来就舒服多了，既实话实说了，又顾及到对方的感受，没有伤害到对方，取得的效果也会截然不同。

在现实社会中，语言艺术是为人处世所必备的。因为每个人身上都有优点和缺点，我们不要只盯着别人的不足之处加以指责和批评，而应该多看看别人的长处。即使别人的不足之处暴露出来，我们也要学会宽容，只有这样，大家才能活得很开心，相处得很好。

当然，也不宜矫枉过正，而应尽量在不伤害对方的前提下巧妙地表达出真实的情况和想法。总而言之，说话是一门艺术，我们每个人都应该好好地学习。

◎人人渴望公平◎

谁都渴望公平，那你就从公平的角度出发去说服他。

《论语》里面有这么一句话：“不患寡而患不均。”不担心分得少，而是担心分配得不均匀。这种思想对后代人的影响很大，甚至成为一种社会心理。凡涉及分配，应尽量做到公平，然而现实中有些事是难以做到公平的，那么这个时候，也应当尽可能地让看上去不合理的分配显得公正，这样才能消除别人的不公平感。

某公司下达了献血通知，每个车间有两个名额，一车间主任问该车间谁自愿去，所有人都保持了沉默。

“吕杰，你是党员，带个头吧？”主任硬着头皮说。

“党章里没有规定是党员就必须献血吧？”吕杰似乎有些不满。

“王鹏，你去吧？”主任没有办法，只好点了全车间最年轻的同志。

“主任，不好意思，我感冒了。”王鹏的理由似乎也很充分。

点了一大半名，没有一个人愿意去，主任没有办法，就决定抓阄，谁抓着谁去。而抓阄的结果恰好是吕杰和王鹏，不过这一次，他们没有不满和托辞，都答应去。

吕杰和王鹏为什么会在主任点到他们的时候找理由不去而在抓阄抓

上后坦然接受呢？这就是公平与不公平的问题。一开始主任点到他们的时候，他们觉得不公平，而抓阄却体现了公平，抓到了只能怪自己运气不好而怨不得别人。

由此可见，求公平是人最基本的心理。车间主任在点名的不公平的情况下，采取了抓阄的办法，这样大家觉得是公平的，从而也就愿意接受这样的结果。

在生活和工作中，很多争执和不满往往是由不公平引起的。例如有的人干得多但是拿得少，而有的人干得少却拿得多。

什么事情都要做到公平这并非易事，但是我们不能因为不公平是客观存在的就不闻不问，事实上，我们可以让看上去不合理的分配显得比较公正，这才是更加明智的做法。比如说，可以按照年龄来，按照性别来，甚至可以像那个车间主任一样通过抓阄的办法来。

◎适当地留一些悬念◎

逢人不说三分话，留下七分让人猜。

你是否有同感，当你对某件事情不了解的时候，你就会有一种神秘感，而这种神秘感则会吸引你去探索和发现它。

世界上的事情往往就是这样，可是为什么会出现这样的现象呢？在心理学上，这种现象被称为“蔡格尼克记忆效应”，这种效应源于心理学家蔡格尼克的一个实验，实验过程如下：

实验由两组人员组成，他们均是同时做相同的较低难度的数学题。第一组的被测试人员都顺利地完成了计算；而第二组的被测试人员在计算到一半时被蔡格尼克突然中止不再计算。蔡格尼克让两组人员分别回忆他们各自做的数学题，实验结果表明，第二组被测试人员的回忆显然要比第一组的清晰得多。

蔡格尼克是这样解释这个现象的：人们在处理或解决某个问题的时候是全神贯注的，但是问题一旦得到处理或解决，人们便会不再在意，很快忘记；而那些尚未处理和解决的问题却会一直藏在人们的脑子里，以待随时采取办法去解决和处理。因此，相对于已解决的问题，人们对这些未解决和处理的问题会留下深刻的印象。

也就是说，人们对于所接收到的不完整或中断的信息更加感兴趣和敏感。因此，当你与对手进行心理博弈时，这是一个良好的处理方式，即适当地留一些悬念给对方，对方会对你留下的悬念念念不忘，从而使你在与对手的交锋中占得上风。

小程是电脑公司的销售员，在与一个客户进行第一次谈话时，他列举了自己公司生产的电脑的几个优点，以及这些优点与其他电脑的不同。正值客户听得入神的时候，小程对客户说：“对不起，公司有个紧急会议，我得先赶回去了。”几天后，他们进行了第二次交谈。

小程：“您好！我是小程，前几天打扰您了。”

客户：“哈哈，你终于来了，今天不会又要突然回去开会吧！”

小程："不会的，上次真是急事，非常不好意思，今天我请您吃饭，以示歉意，怎么样?"

客户："哈哈，好啊，我得好好和你谈谈你们的电脑产品!"

小程："好，那就一起吃饭去，边吃边聊。"

客户："哈哈！可别在吃饭时又想起忘了什么急事了。"

小程："呵呵，您放心好了，绝对不会的。"

小程与客户的第二次交谈就在这欢声笑语中开始了，在第一次交谈的铺垫下，第二次交谈很快收到了成效。

我们可以看出，小程是一个善于抓住客户心理的人，他故意给客户留下悬念，让客户对他的产品念念不忘，最后达到了营销的目的。

许多电视剧也是如此，在每一集的结尾时留下一个悬念，让观众渴求和期待下一集，从而让他们一集一集地看下去。这就是悬念的巨大魔力，它让客户与观众更加期盼，推销者和电视剧制作人一次又一次达到了自己的目的。

不仅在销售、电视剧制作领域，在交际场合也是如此。当你要说服一个自以为是的人时，如果与之针尖对麦芒，往往会适得其反。要说服这种人，应该巧妙地设置悬念，激发出对方的好奇心，在好奇心的驱使下，你就有机会去把留下的悬念说给他听，从而说服此人。

某建筑公司有个刚愎自用的工头，他常常反对改进计划，让人头疼不已。有一次，李工程师想换装一个新式的指数表，但一想到那个工头肯定会反对的，他并没有直接跟工头说换指数表，而是在拿着一些征求工头意见的文件时，腋下夹着这个新式的指数表。在讨论这些文件的时候，李工故意移动了这个指数表好几次，成功引起了工头的注意："这是什么东西?"李工漠然道："一个指数表而已。"工头让李工给他看看，但是李工故意没有让他看，而且还说："这是别的部门用的，你又用不到这个东西。"在工头的多次要求下，李工把新式指数表给工头看，顺便说了下它的新功能。而这时工头说："我们部门用不到这个指数表吗？它就是我们想要用的啊！"就这样，李工没有费力不讨好地劝说工头却让他主动接受并换装了新式的指数表。

所以，请记住，你与对方初次谈话时不要急于把所有的话都说出来，而是给对方留下一些悬念，这样会激发对方的好奇心，而当你再次与他会谈时，你就顺利地达到了自己的目的。

第7章 / 舌灿莲花 语言的魅力无可抵挡

如果没有意外的话，说话是每个人与生俱来的本领。然而一样的话，从不同的人口中蹦出来，产生的效果也天差地别。这其中的问题出在哪儿了？问题就在谁对言语魅力的谙熟程度更深一些。你能玩转语言的魅力，那就没有你说服不了的人。

◎变换语气，让你的语言更有感染力◎

恰当的语气，会使语言更富煽动性与感染力。

语气在和别人谈话中有着重要的作用，有的人说话对方容易接受、愿意接受，有的人说话对方就不容易接受、不愿接受。这其中的原因大多是语气的不同造成的。一句同样的话，如果用不同的语气来说，就会起到不同甚至是相反的效果。

语气不同，所产生的效果也完全不同，比如慷慨激昂的语气给人以气壮山河之感，其酣畅磅礴的气势将增强语言的震撼力量。抑扬顿挫的语气会抓住听众的情绪，打动他们的心弦。在某些特定的场合，平和舒缓的语气能起到“润物细无声”之效。以气夺人的语气显得沉稳自信，说话人在生活和工作上都一定是强者。

在一句话中，不但有遣词造句的问题，而且有用怎样的语气表达才准确、鲜明、生动的问题。

抗日战争时期，文学大师郭沫若在台下观看自己创作的五幕历史剧《屈原》的演出，他听到婵娟痛斥宋玉：“宋玉，我特别恨你，你辜负了先生的教训，你是没有骨气的文人!”郭沫若听后，感到“你是没有骨气的文人”这句话骂得还不够分量，就走到后台去找婵娟商量：“你看，在‘没有骨气的’后面加上‘无耻的’是不是分量会重些?”这时，正在一旁化妆的演员张逸生灵机一动，插了话：“不如把‘你是’改为‘你这’，‘你这没有骨气的文人’”，郭沫若拍手叫绝。这一字之改，不仅使原来的陈述句变为态度坚决的判断句，而且使语言有了强烈的感情色彩，语气也更加有力，婵娟的愤怒之情溢于言表。

所有使用有声语言的场合，都离不开语气。如果你想成为一个说话富有感染力的人，就一定要熟练掌握驾驭语气的能力，要善于运用合适的语气来表达复杂的内容和不同的思想感情。语气是有声语言的最主要的表达技巧，因为说话语气往往是一个人内心潜意识的表露。只有掌握了丰富、贴切的语气，我们在交际中才能赢得主动。

◎言多必失，要点到为止◎

哕里啰嗦的废话并不能赢得对方的信服。

《鬼谷子·本经符》说道：“言多必有数短之处。”古人也云：“寡言者智，言多必失。”这就是指说话要恰到好处、直中要害，而不是没完没了地说废话。

当马克·吐温还是一名普通船员时，罗克岛铁路公司要建一座大桥把罗克岛和达文波特两个城市连接起来。这却遭到了轮船公司的反对，因为那时水运是运输粮食和其他物资的重要工具，这座铁路桥一旦修建，自然会毁了他们的财路。于是，美国运输史上最著名的一个案子开庭了。

轮船公司的辩护律师是知名的铁嘴韦德，法庭辩论的最后一天，韦德滔滔不绝，足足讲了两个小时，让听众觉得烦不胜烦。而到罗克岛铁路公司律师的发言却只有一分钟，而就是这不可思议的一分钟，使这个案子闻名于世。

这位律师平静地说：“首先，我对控方律师的雄辩表示钦佩。然而，谁也改变不了陆运远比水运重要的事实。各位陪审员，你们要裁决的唯一问题是对未来发展而言，陆上运输和水上运输哪个更重要？”片刻之后，陪审团作出裁决，铁路公司获胜。而该公司的辩护律师叫作亚伯拉罕·林肯。

韦德滔滔不绝、口若悬河的长篇大论让听众厌烦，而林肯的一分钟辩论却切中要害，取得的效果自然截然不同。

古人云：“沉默是金，雄辩是银。”话说多了，会显得夸夸其谈、油嘴滑舌，而且随意之言多了，分量也自然就轻了，且容易发先言多必失、祸从口出的情况。我们要做到深思熟虑而谨言、科学明智而慎言，并且学会静心倾听。

◎情绪是可以传染的◎

在说服别人之前，我们不妨先酝酿一些积极的情绪。

如果讲话者态度傲慢、盛气凌人，他就不能打动人心，也就不能赢得听众的尊重和信任。而讲话者态度诚挚，每一句话都凝聚着感情、流露着心声，并且寓情于理、观点鲜明，他就容易获得听众的尊重，并得到信任。

小说《高山下的花环》中，雷军长在战前动员会上的即兴讲话震撼人心、酣畅淋漓，关键就在于他的讲话态度诚挚、寓情于理、观点鲜明。

当时，高干子弟赵蒙生的母亲利用职权为儿子逃避上前线“开后门”，在即将开赴前线杀敌时，打电话到前沿指挥所找雷军长说情。这件事让雷军长大发雷霆，他在动员会上怒吼道：“我的大炮就要万炮轰鸣！我的装甲车就要隆隆开进！我的千军万马就要去杀敌！就要去拼命！就要去流血！可刚才，有那么个神通广大的贵妇人，她竟有本事从几千里之外，把电话要到我这前沿指挥所！此刻我指挥所的电话，分分秒秒，千金难买！可那贵妇人来电话干啥？她来电话是让我给她儿子开后门，让我关照关照她儿子！什么贵妇人，一个贱骨头！她真是狗胆包天！她儿子何许人也？此人原是军机关干事，眼下就在你们师某连当指导员……走后门，她竟敢走到我这流血牺牲的战场上！我在电话里把她臭骂了一顿！我雷某不管她是天老爷的夫人，还是地老爷的太太，走后门，谁敢把后门走到我这流血牺牲的战场上，没二话，我雷某要让她儿子第一个扛上炸药包，去炸碉堡……”

雷军长充满激情、态度鲜明的讲话赢得了撼天动地的掌声，也使得赵蒙生如梦方醒。此时，赵蒙生也立志献身祖国，并在随后的战斗中荣立大功。雷军长将他那诚挚的感情、深刻而鲜明的观点融入讲话当中，使得广大指战员和赵蒙生深受震撼。假如雷军长迁就地对待“走后门”，那必然会挫伤广大指战员的积极性，严重影响部队的战斗力，而且也培养不出一个荣立大功的赵蒙生。雷军长虽说是小说中的人物，但他的讲话方式值得我们学习。

◎物以类聚，人以群分◎

从双方的共同点入手，你的说服会更容易一些。

有科学家以测验和问卷的方式了解了某大学部分学生的性情、态度、信念、兴趣爱好和价值观等，然后把这些方面相似的学生安排在同一房间，再把相异的也安排在同一房间。过一段时间后，调查发现，志趣相似的同宿舍之人一般都成了朋友，而那些志趣相异的则未能成为朋友。由此可见，人们都倾向于和那些与自己相似的人在一起。

上面的研究调查体现了这么一句古话，“物以类聚，人以群分”。那么为什么会有这样的现象呢？心理学研究显示，人在和自己有相似经历、相似兴趣、持相似观点的人交往时，容易获得对方的支持和肯定，彼此发生冲突的概率很小，因此很少受到伤害，比较容易获得安全感。而且，有相似性情兴趣、共同语言的人容易组成一个群体。

有相同经历、相同兴趣、相同性情的人容易找到共同语言，进而就容易产生亲密的感情。在交朋友时，如果我们掌握了这种心理技巧，并巧妙地加以利用，就容易拉近彼此之间的距离，即便是没有打过交道的人，也容易迅速成为朋友。

但是，当你面对一个未曾打过交道的同事或客户时，该怎么办呢？此时，就应该针对对方的兴趣爱好制造共同体验，以增进感情。比如参加公司的集体活动，这有利于使彼此更加融洽；而多花些时间和心思陪客户，则有利于双方的合作。一旦有了共同的体验，彼此的关系会更紧密。

◎站在对方的立场上思考问题◎

你能从对方的立场出发，那对方也更容易听从你的意见。

大家都知道，多一个朋友多一条路，朋友多了路好走，如果没朋友自己的路也不好走，正如俗话所说："有别人走的路，才有自己走的路，没有别人走的路，就没有自己走的路。"在人际交往中，凡事多站在别人的立场去考虑，能够顾及别人的心情和感受，这对于一个人立足于社会取得良好的人缘是大有帮助的。

很多人往往习惯于将自己的想法、意见强加给别人，虽然出发点有的是为了帮助别人，但是没有站在对方的立场上想，往往会适得其反。所以和别人商谈事情时，应该站在对方的立场仔细想想，而不是直接讲一番自我认知的大道理来逼迫对方接受。如果做事只顾及自己从不为别人着想，心里容不下别人，别人又怎么可能信任你呢？这是导致很多事情不成功的一大原因。

站在他人的立场考虑问题，会给人一种为他人着想的感觉，这种投其所好的技巧常常具有极强的说服力。而且在各种交往中，你都可以从容应对，要么伸出理解的援手，要么防范对方的恶招。

某精密仪器总厂生产某种新产品，其中有部分零部件是委托给一家小型加工厂制造的。然而，该小厂将零部件的半成品拿到总厂时才发现完全不符合总厂的要求，总厂要求小厂尽快重新制造，但小厂负责人认为他们是按照总厂要求制造的，不想重新制造。双方僵持不下，总厂厂长得知原委后跟小厂负责人说："非常抱歉，这件事是由于我们的设计出了问题，但时间紧迫，这些零部件总得要造出来，你们不妨把它做得更好一些，这样对大家都好。"话音刚落，小厂负责人欣然答应。

站在别人的立场考虑问题，设身处地地为别人着想，这会让人非常感动。然而你会质疑：这说起来容易却做起来难。是的，站在对方立场考虑问题确实不容易，但也并非不可能。很多会说话的人善于站在对方立场想问题，要知道他们也并非一开始就能做好，而是从一次次的说服中吸取教训，不断地培养出这种能力。如果不站在对方立场考虑问题，往往会使很多谈判或者谈话走向失败。

美国汽车大王福特曾说："如果说成功有秘诀的话，那就是站在对方立场认识和思考问题。"如果你能做得到站在对方立场考虑问题，你就会从对方的角度发现自己的不足或不对之处，从而使矛盾很快得到解决。

◎让对方暴露自己的弱点◎

如果对方也发现了自己的漏洞，你说服起来不就更有理有据了吗？

当你想改变一个人的做事方法或者说服某人接受你的想法或产品时，如果是直接推荐新方法、新思想或新产品给对方，对方很可能不愿意采用，因为一个人会习惯使用某种方法或某种产品，习惯某种思维。这时，你应该在跟对方的谈话中引导他客观地、实事求是地审视自己的情况，以便暴露他的弱点。

当你发现了对方的弱点后，你就可以以这个或多个弱点作为突破口，说服他接受你的新方法、新思想或新产品。当他认识到自己的弱点时，他就会敞开胸怀接受你的建议，追求更完美的方法、思想和产品。

谢利·贝内特女士是一家大公司的企业关系部主任。她说："当我的新计划或新思想遭到一个员工的反对时，我总是想方设法听听他的想法。因为他的意见会给我某些提示，而且他会说出自己反对这个计划或思想的原因。这时，他多多少少会暴露出一些弱点。事实上，他在说明的时候也知道自己的观点中存在弱点，而我知道的是对我来说是大有帮助的。我会跟他说我对他的观点很感兴趣，然后针对他所暴露出的弱点问他一系列的问题。我要通过提问来掌控形势，我越问，他的话就越少，到最后就会张口结舌。这样，我就掌握了主动权，并能够让我的新计划或新思想得以实施，而且关键的是，我没有强迫他接受，而是让他认识到自己的弱点，心甘情愿地接受我的观点。”

贝内特女士的做法非常值得我们学习。当你要说服对方时，你可以让他先发表自己的想法，在此过程中，你可以了解他的想法，并发现他的弱点。当他意识到自己谈话中的漏洞时，你就很容易以此作为突破口，这样他也更愿意接受你的观点。当然，如果他的观点比你的观点更好，那结果对你依然有利。

◎调整语速，把别人引入你的话语中◎

有的时候，打动别人的并不是你说了什么，而是你是以怎样的语音语速说出来的。

说话是一门艺术。出自演讲家与出自一个不会说话的人口中的话所产生的效果是绝对不一样的。会说话的人不仅会修饰自己的言辞、锤炼自己的表达方式，其说话或演讲也通常充满活力和智慧。他们懂得用最合适的语速、最优美的声调、最清晰的声音来吸引观众。

声音的质感是天生的，如果你的声音优美而富有活力，你懂得控制语速，把别人引入你的话语中，这对他人来说就是一种享受。而即使你先天不具备优美的声音，也要学会如何让语言抑扬顿挫。如果不懂得控制语速，往往会让人厌烦，而控制好了，却会吸引住别人。

有一次全国性会议出了点问题，导致部分与会者有些不满，其中几个人更是怒气冲冲地到会务组去讨个说法。会务组组长是位语言能手，他向这几个人解释时声音越来越小，几乎都要贴在对方的耳朵上说悄悄话了，而对方的脸色也逐渐好起来，最后组长亲切地问了一句："明白了吧?"对方点点头，微笑地告辞了。事后，有人询问组长："您说了什么，他们这么快就消气了？"组长的回答让人大吃一惊："我什么也没说，只是说话方式让他们消了气而已。"

俗话说："有理不在声高。"即便是有理，也要注意控制自己的语音语速语调，倘若只是一味地因愤慨而大声怒吼，往往会导致形势更难以控制。而像这位会务组长一样自己身上出了问题时，更要懂得控制语音语速语调，以便让对方感受到你的诚挚。

说话是一门难以掌握的艺术。我们应当在不同的时间、不同的场合，根据表达意思的需要，注重控制语速，恰当地处理好语言交流中的停顿，这样不仅可以表达出说话的意图，也是增强表现力和精确性的需要，而且会让听者感到清晰明了，加深他们的印象。

◎不妨给对方一些暗示◎

不能直接说出来的话，不妨用暗示的方式说出来。

生活中常有这样的现象，对人进行正面的劝说往往适得其反，使人产生逆反心理。这时候，不妨舍弃针尖对麦芒，正所谓“东边不亮西边亮”，我们可以调整策略，另辟蹊径，换个方法暗示他，从侧门打开缺口，往往能事半功倍、收效显著。

诺贝尔物理学奖获得者、荷兰物理学家彼得·塞曼年少时十分贪玩，他母亲为此很伤心，但是她没有对儿子进行单纯的说教，而是给他讲了一个故事：他们家位于自古以来常被大海淹没的西海岸的一个半岛上。有一年，家乡又遭受大海的侵袭，一个孕妇在孤舟上漂流了几天几夜才得以生下一个叫彼得·塞曼的男孩，他和他的母亲多亏乡民相救才得以平安。而要知道塞曼是个爱贪玩不好好学习的人，我当初就不必为了生他而遭受海浪侵袭的痛苦了。塞曼听完，深感内疚，从此改头换面，好好学习，最终功成名就。

塞曼的母亲没有直接对自己的儿子进行说教劝导，而是用讲故事的方式巧妙地暗示她生下儿子的不易，让儿子体会到母亲的用心良苦，从而收到了出其不意的效果。

默多克请著名绘画大师琼斯为他作画，以完成一个重要的计划，可是琼斯的画却让默多克十分失望。如果默多克直接让琼斯重画的话，显然会让这位著名绘画大师很扫兴。默多克并未如此，而是在晚餐的时候对琼斯的画大加赞赏，接着又说了一番他对电车的感受和想法。琼斯听完惊跳起来，重新为默多克画了一张，而最终的结果也让默多克十分满意。

为什么琼斯会重新给默多克画一张呢？这是因为默多克对电车的感受让琼斯觉得完全可以成就一个伟大的作品。如果默多克直接要求琼斯按照他的设想重画一张，那结局很可能是很糟糕的。而默多克巧把自己对电车的感受融入想法中，直达琼斯心中，不露一点痕迹，暗示得巧妙至极。

暗示之所以出其不意、效果显著，就在于通过“言外之意，弦外之音”委婉曲折而又巧妙地给对方传递自己所要表达的信息。暗示在职场中面对上司和下属的谈判和讲话中、在说服别人的过程中应用得很广，这既能保护别人的自尊心，使他们认识到自己的重要性，也能巧妙地将自己的意见和想法传递给对方，往往能取得不错的效果。

下面让我们来看一看暗示在生活中的巧妙运用：

在恋爱中，往往会出现落花有意流水无情的情况，而当有意的一方向你深情地表白时，如果我们直截了当地拒绝，往往让对方深陷痛苦，显得太不近人情，甚至两人此后可能变成陌路人。你应该如何拒绝才能让对方不受伤害或者将伤害降到最低呢？

此时，言语的暗示是一种很好的处理方法。通过言语暗示，能委婉地表达自己的意思，既保护了对方的自尊心，让对方感受不到痛苦，又能巧妙地让对方不要心存幻想，这样大家都没有尴尬、没有痛苦，也可以好好做朋友。

某医院的护士小刘长得文静、做事机灵，同科室刚从医学院分配来的郑医生很喜欢她。这天刚下班，郑医生对小刘说："小刘，晚上一块儿吃个饭好吗？我有个重要的事想跟你说。"

小刘一听，明白了"重要"的含义，于是笑着说："好啊，我也正想找你帮个忙。"

郑医生听了很高兴地说："只要是帮你的忙，我一定两肋插刀，在所不辞。"

小刘笑着说："可没那么严重，只不过是我男朋友脸上有几个痘痘，想问下你用什么药比较好？"

小刘护士没有直接拒绝郑医生，而是通过巧妙的暗示方法委婉地拒绝了他。"爱"与"不"字没有从口中说出，既保护了郑医生的自尊心，同时也不伤大家的面子。作为同事，抬头不见低头见，巧妙的言语暗示后，日后见面，同事还是同事，朋友还是朋友，并不会因此而影响两人的关系。

第8章 ╱“志”同“道”合
把说服的对象当成朋友

当我们初次面对要说服的对象时，我们也许会感到无从下手，找不到突破口。这时候，你不妨把对方当成自己的好朋友，站在朋友的立场为他考虑，用他喜欢的方式拉近彼此的距离，这样你说服的成功率会更高。

◎浮夸的吹捧会招致对方的反感◎

要想交真朋友，就要客观地指出对方的优点和不足。

赞美是人际交往中的蜜糖，会让人心情愉悦，但糖吃多了也会引起蛀牙、糖尿病等，对身体并不好。只有小孩才会不顾身体健康而没有节制地吃糖，正如只有愚蠢的人才会对离谱的赞美照单全收一样。睿智的人是不会喜欢夸大其词的赞美的，他们甚至会提防这种“糖衣炮弹”。因此，如果我们想与地位较高、才华卓越的人建立朋友般的关系，就不能对他进行脱离实际情况的赞美。反之，如果在承认对方优点的同时也如实地说出他的不足，对方就会对你的赞美深信不疑，同时相信你是真的为他好的人。

有一次，汉高祖刘邦与[redacted]高下。刘邦问道：[redacted]你看我能指挥多少兵马？”韩信回答：“您能指挥十万兵马。”刘邦又问：“那你能指挥多少兵马呢？”韩信说：“多多益善。”刘邦笑道：“既然你带兵的本领比我大，却为什么被我所控制呢？”韩信说道：“您不善于指挥兵，但善于驾驭将，这就是韩信之所以被陛下控制的原因了。”后来刘邦自己也说过，指挥百万军队，他不如韩信，而他之所以能取得天下，正是因为手下有韩信这批能人。

韩信与刘邦的这段对话，在历史上非常有名。韩信的回答既有可取之处，同时又有致命的漏洞，这也是韩信最终下场凄惨的原因之一。韩信回答的可取之处在于，他没有一味地奉承刘邦，而是如实地指出了刘邦在军事方面的优点和不足，而事后刘邦对自己的评价也说明了韩信说的是对的，这正是韩信作为一代政治家和军事家与普通人不同的地方。如果他只是一味地奉承刘邦，那他也就没有足以让刘邦赏识的才华了。但同时，韩信的回答以他的身份和处境来说又是不合适的，因为韩信不只是单纯地指出了刘邦的优点和不足，关键是他拿自己和刘邦做对比，即使刘邦是有大谋略的政治家，但作为天子也是不可能容忍手下的人这么说的。况且韩信说的确实是实情，他比刘邦更具有带兵打仗的能力，这种能力对于皇帝来说是一个可怕的威胁，所以韩信最后不得善终也就不足为奇了。

所以说，我们在有智慧的人面前，不妨诚恳地指出他们的优点和不足，这样会迅速使自己和一味奉承的庸才拉开距离；但同时，指出对方不足的时候万万不要拿自己的长处和对方的不足相比，如果对方足够聪明，他会认识到这一点，也许还会暗中向你学习或不知不觉间重用你，以弥补自己的不足。但你如果当面提出他的短处正好是你的长处，不但会让对方觉得没面子，还会显得自己没有城府，招致对方的反感。

同时，真实的赞美不可能是太绝对化的，像“首屈一指”、“天下第一”这类帽子可别乱戴。实际上，一般人基本上都知道自己哪儿行哪儿不行，如果你的赞美毫无遮拦，就会让人感觉你曲意奉承。更糟糕的是，这样还会有捧杀对方的嫌疑，因为过分的夸张对于被赞美者来说也是有害的，会使对方骄傲自满、不思进取。高尔基说过：“过分夸奖一个人，结果就会把人给毁了。”

所以，想要与对方建立朋友般的关系，符合实际情况的赞美最为可靠，赞美的同时伴随着鼓励，效果则会更好。

◎赞美也要因人而异◎

每个人的长处不同，我们在赞美的时候也要“具体问题具体分析”。

大千世界，南北西东，人的地位有高低之分，年龄有大小之别，职业有分工不同。因人而异的赞美比方程式的吹捧收效更佳。例如，老年人总希望别人能记得他“想当年”的雄风，与其交谈，可多赞叹他辉煌的曾经；对于年轻人，则可称赞他的创造才能和开拓精神；对于经商之人，不妨赞扬他的经商头脑、生财之道；对于知识分子，可以称赞他学识渊博。

人人都希望别人恰如其分地夸奖自己。比如说，营业员与顾客在商品价格、质量上僵持不下时，可适时地转移话题，称赞顾客的眼光真好，商品是新款的，特别畅销；再夸奖顾客能说会道，从没卖过这么低的价钱。这不仅恰当地赞扬了顾客，同时可以凸显出商品的优势，这样一来，顾客也不好意思再争下去，很有可能就买了。

对不同的人说不同的话，其中重要的一点就是要善于发现对方的长处，因为长处往往是对方最自豪的地方。能言善辩者往往能切中这个要害，面对对方的长处时表现得非常谦虚，让对方有一种优越感，从而收效甚佳。

吴局长对书法颇有研究。一次，他的部下小丁去拜访他，恰巧碰到他在写字，精明的小丁一副发现新大陆的样子说："没想到吴老的字写得这么好啊!"

"哪里哪里，随便写写而已。"吴老谦虚地说。

"我以前也学了两年书法，但总不得要领，不知道吴老有什么绝招，能不能教教我啊?"小丁虚心地请教。

"你也喜欢书法啊？那太好了！"吴老像遇到知己一样兴奋地跟小丁谈了起来。

接下来自然是宾主相谈甚欢，临走时吴老还送了小丁一幅自己的画。小丁把这幅画挂在自己的办公室，增光不少，而吴局长自然也更喜欢他了。

由此可见，人人都有虚荣心，只是或大或小而已。当一个人的长处展现在别人面前时，他想被人称赞的欲望就更加强烈了。此时，在与他人交流时，适当地夸奖他，自己谦虚一些，一定会取得不错的效果。

◎主动走到对方的战线中◎

一切以对方的利益为出发点，对方还能不听你的话吗？

生活中的朋友，不论平时有多少磕磕绊绊，关键时刻一定是站在同一阵营、一致对外的。因此，要想说服对方做你希望他做的事，就要让他和你站在同一阵营。这当然不是他主动站过来的，如果是那样的话，也就谈不上说服他了。让对方和你站在同一阵营，就是要与对方站在同一立场看问题，看看某件事对你们双方有什么共同的好处。如果只是便宜了你却苦了他，相信没有人会愿意做这件事。

美国汽车大王福特说过一句说："假如有什么成功秘诀的话，就是设身处地替别人着想，了解别人的态度和观点。"只有这样，才能更清楚地了解对方的思想轨迹及其中的"要点"，瞄准目标，击中"要害"，使你的说服力大大提高。

小张是一个办公室职员，他烟瘾很大，常在办公室里吸烟，同事们对他这一行为颇有怨言。小张自己也知道吸烟有很多危害，于是发誓戒烟。戒烟一星期后，小张终于忍不住，偷偷地抽了一支烟，同办公室的同事发现了，报告给了领导。领导听说了这件事，来到小张的办公室，果然闻到一股残留的烟味。不是说不抽了吗？怎么又开始抽了呢？领导刚想质问小张，但话要出口之前他却突然停住了，想了一下，来到小张的工作台前，和蔼地说：“小张，有一个礼拜没抽烟了吧？不容易啊！当初我戒烟的时候，别提多难受了，想抽烟的时候，那真是坐立不安，什么都干不下去，你一边戒烟一边还能把工作做好，不简单。你瞧，不抽烟之后整个人精神状态都好多了，同事们也都说，你自从戒了烟，气色就变好了，办公室空气也清新了，大伙都支持你呢！这个时候可千万别放弃，再咬咬牙，坚持几天，难受劲儿过去就好了，自己身体比什么都重要啊！”小张听了领导的话，自觉羞愧难当，下决心绝不再吸烟。果然，小张没有再偷偷吸烟，彻底地戒掉了烟瘾。

领导对小张说的这番话要点就在于点明了戒烟对小张、对大家都有好处，而且对小张自己的好处是最大的，让小张知道无论是领导还是同事都和他站在一边。既然是对大家都有好处的事，小张自然愿意做，尤其是得到领导的理解和赞许后，他更是受到了鼓舞，决心一定要把烟戒了！试想，如果领导让小张戒烟的理由是“你抽烟大家都得吸二手烟，不要那么自私”，小张就会觉得大家和自己是对立的，自己戒烟这么痛苦，为的都是别人，自然动力就小多了，忍不住的时候仍然会偷偷抽，难以戒掉烟瘾。

因此，与人建立朋友般的关系，就是要让人感觉你和他是一边的，你们有共同的出发点。如果你在说服别人的过程中，经常说“如果我是你，我也会……”效果会大不一样。即使在言谈中无意间使用了一些不太妥当的言辞，只要能巧妙地运用这句“如果我是你”，让对方觉得你对自己和对他是一视同仁的，那么或多或少可以弥补语言上的过失。

第9章 ╱ “大”行其道

把自己塑造成权威

你是否经常有这样的困惑：“对方权势比我大，根本不把我放在眼里，我该如何说服他呢？”确实，我们在生活中会遇到很多比我们有地位、有能力的人，我们甚至连接近他们的机会都很少，那我们该如何说服他们呢？告诉你一个秘诀：遇强则强，你只要把自己塑造成更具权威的形象就能攻破他们的堡垒了。

◎面对说服对象，要敢于占上风◎

先声夺人，让对方无力反驳。

人有一种劣根性，就是欺软怕硬，要战胜这种劣根性，获得成功，就要随时占据主动地位。

当年曹操南征，刘备败退，无力反击，似乎只能坐以待毙了。这时，诸葛亮主动要求到江东说服孙权来帮助刘备。他到江东后，并非低声下气地求孙权，而是主动出击，占据主动地位，反客为主，最终刺激了孙权的自尊心，孙权最终答应协助刘备抗曹。

当时，孙权自恃自己十万精兵和长江天堑，认为可以坐山观虎斗。他断定诸葛亮一定是来说服他的，于是采取了居高临下的姿态等着诸葛亮到来。

没想到诸葛亮一见到他就说："如今天下大乱，将军占据江东，我主刘备出兵汉南，和曹操共争天下。但是，现在的态势很明显，曹操已经吞并了半壁江山，而且目前正在向荆州进兵，沿途收罗各路英雄，聚结力量，我主刘备因此而遭败退。鉴于此，将军难道不应该权衡自己的力量吗？如果将军自认为自己可以和曹操抗衡，那么还是早早和曹操断交的好。"

诸葛亮根本就没有提联吴抗曹这件事，他知道孙权很有自尊心，绝对不会甘心受到曹操奴役。

孙权听完后，虽然不高兴，但还是正色道："那么为什么你主刘备没有投降呢？"诸葛亮答道："不知将军可曾听说过齐王田横的故事？他是个非常讲究忠义的人才，可惜最终因为不愿侍奉二主而自杀身亡。田横尚能如此，何况我主刘备乃是堂堂汉室宗亲，怎可轻易投降敌人，就算最终失败了，那也是天意若此，但绝不会投降曹操的。"

虽然最终孙权愿意和刘备联手抗曹，但是面对曹操八十万大军，内心不免疑惑——诸葛亮看清楚了这一点，就为孙权分析了战争情况，以达到彻底说服孙权的目的。

诸葛亮于是继续说道："曹操注定失败，原因有四：其一，曹军长途跋涉，将士疲劳，不宜作战；其二，曹军轻骑为了追赶我军，已经连夜急奔三百多里，已是强弩之末；其三，曹军多是北方人，不习水性，不惯水战；其四，荆州刚刚占领，城中百姓绝不会轻易屈服。现在假如将军的将士们能够和我们并肩作战，那么一定可以大败曹军，曹军北退之后，天下三分，孙吴可保，这个机会难得啊！"于是，孙权答应了诸葛亮的要求，决定和刘备共同抵抗曹军，最终取得了赤壁之战的胜利。诸葛亮不愧是说服人的高手啊！

通过这个故事，我们知道，只有勇敢地占据主动，才能够先声夺人，占据上风，从而反客为主，说服别人答应自己的请求，最终也才能够获得成功。

◎面对说服对象，先晓之以利害◎

让对方获得最大的利益，那你的说服才更有效果。

在人际交往中，我们可以看到很多啰唆的人，他们试图说服别人，但往往适得其反，非但没有说服别人，反而让人觉得厌烦。但我们也看到，很多人只需三言两语就把人说服了。实际上，这些人之所以能够成功，是因为他们知晓被说服对象的利益所在，能够让对象自主思考，深入了解自己的利害，进而改正自己的错误，走向光明大道。

巴西球王贝利在很小的时候就很有踢球的天赋，并且在很多比赛上赢得了名次。

一次，贝利踢完一场足球比赛，十分疲惫，看到伙伴们在吸烟，并且听说吸烟可以减轻疲劳，于是就要了一根香烟。他十分得意地抽着香烟，认为自己很潇洒，恰巧他的父亲从那儿经过，看到了小贝利在吸烟。父亲当时没有说什么，等到了晚上才坐在椅子上问他：“你今天抽烟了？”

“嗯！”小贝利红着脸低下了头，准备接受父亲的训示。

但是父亲没有训示他，而是从椅子上站了起来，在屋子里来回踱步，过了很久才对他说：“孩子，你很有踢球的天赋，如果你勤加锻炼，将来一定大有成就，但是你要清楚，一个足球运动员必须要有一副好的身体才行，而香烟对身体的损害是非常大的，这点你应该知道。或许你会说，我只不过是吸了一根而已，但是吸了一根以后，将来你还会吸第两根、第三根……虽然你每次都觉得自己仅仅吸了一根，但久而久之，你就会上瘾的，那时候你的足球生涯就该结束了，你明白吗？”

父亲深吸了一口气，接着说道：“作为父亲，我有责任教育你，我可以告诉你什么是好的、什么是坏的，但是具体的该怎么做，我不能够帮你决定，那只有依靠你自己才行。”

说到这里，父亲突然问贝利：“你是想在烟雾中损害自己的身体呢，还是愿意保护好身体将来做一名出色的足球运动员？你自己作出选择吧！”

说着，父亲拿出一些钱给贝利，告诉他说：“如果你想继续抽烟的话，这些钱你就拿去买烟吧！”说完，父亲就走了出去。看着父亲的背影，小贝利抽泣着陷入了深深的沉思中，过了一会儿，他止住了哭泣，拿着钱跑到父亲的跟前，对他说："爸爸，以后我再也不抽烟了，我一定要好好练球，做个出色的足球运动员。"从那以后，贝利真的就没有再抽烟，不仅如此，他之后的训练更加刻苦，终于，他成为了一代球王。

一个人往往最关心自己的切身利益，因为我们毕竟是现实的人，必须要有自己的利益才能够生存。所以在说服别人时，一定要抓住别人的主要利益，并一针见血地指出他的行为对他的利益将会产生多大的影响，这样他才会考虑该如何取舍，最终作出符合说服者愿望的选择。

◎面对说服对象，要开宗明义◎

面对有所准备的说服对象，不妨开门见山。

战国时期，齐国孟尝君主张合纵抗秦，门客公孙弘对他说："可以先派人到秦国视察，若秦王乃是个具有帝王之资的人，那么就不要和他对抗；如果秦王是个无道昏君，那时再合纵抗秦不迟。"孟尝君听后，就派公孙弘到秦国视察去了。

秦昭王听说此事，便想羞辱公孙弘。公孙弘来后，昭王问："薛国有多大?"公孙弘答道："方圆百里。"昭王大笑道："我国方圆千里，尚不敢和人相抗，如今孟尝君就这么点地方，竟然想要和我对抗，这不是以卵击石吗?”公孙弘说:“正义不屈,不讨好君主,得志时志在天下,不得志时不为人臣,像这样的人孟尝君那里有三位;善于治国,可做管仲、商鞅之师者,孟尝君那里有五位;充任使者,能不辱使命,敢于以血完成使命的人,孟尝君那里有十位。”

昭王听后,十分愧疚地道歉道:“你何必这样呢?我对孟尝君十分友好,把他作为上宾对待,你回去以后一定要把我的诚意告诉他。”公孙弘答应着回去告诉孟尝君了。

有的时候,一句话就可以说服一个人,关键是要抓住要点,一针见血,开门见山,这样才能够说服你要说服的人。就算已经有了心理准备,他也会重新思考自己的主意,不会因为细枝末节的事情而折了大节。

◎面对强势的说服对象,要勇于进攻◎

在说服的过程中,我们要遇强则强,敢于进攻。

魏徵乃唐代名臣,为人正直不阿。一次,他告诉唐太宗:“希望陛下让我做个良臣,而不是做个忠臣。”唐太宗被他这种突然的主意惊住了,连忙问道:“良臣和忠臣难道不是一样的吗?”魏徵说:“良臣是这样的臣子,他不会愚忠,只会为国家社稷而努力,不是为了皇帝一人而努力；而忠臣则不然，他只会为了皇帝一人努力，做事从来只是顺从皇帝的意思，从来不管皇帝的政策是否正确，这样的人会让皇帝成为一个千古罪人、一个无道昏君，我不要做这样的人。”唐太宗震惊之余，也同意了魏徵的说法，在这以后，魏徵的每次直谏都很有效。

在这里，魏征采用了定义正名的方法，委婉指出了皇帝需要的是一个敢于直谏的良臣，而不是一个唯唯诺诺的忠臣。由于魏徵一开始就掌握了谈话的主动权，因而即使对方是皇帝，也在他的掌控之中，最终达到自己劝谏的目的。可见，在谈话中争取主动、掌握发言权是多么的重要。

从魏徵的例子中我们可以看出，面对强势的对手，只有强势进攻，掌握发言权，才能够取得好的效果。但是进攻不是盲目的进攻，必须讲究策略，只有有策略的进攻才会取得效果。一般情况下，在现实生活中，我们可以采取正面进攻、包围进攻和迂回进攻三种进攻方略。当然，具体情况应具体而定，但关键是要有进攻。

◎面对说服对象，拿出你权威的一面◎

权威会在无意中起到一种暗示和引导的作用。

权威效应也叫作权威暗示效应，是指一个人如果地位显赫，享有巨大权威，那么别人就会轻易相信他说的话，也就是所谓的“人微言轻，人贵言重”。

美国心理学家做过一个实验。在一节化学课上，老师请到一个德国教师，并告诉学生这个人是德国著名的“化学家”，要给大家做一次实验。在实验过程中，这位德国“化学家”煞有介事地拿出一瓶没有气味的蒸馏水，但他告诉学生这是他研究出来的一种带有气味的新的化学物质，于是就让学生来闻，结果在很多学生那里本来没有气味的蒸馏水有了气味。

为什么会出现这样的现象呢？那就是因为权威效应，是“化学家”的权威导致了学生对他的信服，学生受到了权威的暗示，于是就相信了“权威”。

被权威所引导，还有一个很好的例子就是美国的汽车。

在美国的公路上，如果遇到堵车，就会出现一种现象：假如前面的车是一辆名牌车，那么后面的人就会很有耐心地等待而不是鸣笛，而假如前面的车并非名牌，那么后面的人就会按喇叭，高声鸣笛催促。为什么会这样呢？因为在后面的人的眼里，名牌车里的人肯定很有地位、很有权威，而非名牌车里的人就基本不是有地位和权威的人了。

另外一个例子是关于牙膏的广告。我们可以在很多牙膏广告中看到穿着白大褂的人，在受众的眼里这些人是医生，而往往这样的广告可以吸引人，那是因为医生具有专业性和权威性。但实际上他们真的是医生吗？其实，这只不过是企业营销的一个绝妙运用而已，当然这种运用是基于民众的心理的。

所以，不管是在企业中还是在生活中，权威都对我们有巨大的影响，而我们要影响他人，也可以运用我们的权威，假如我们拥有权威的话。

◎面对不合作的说服对象，要找出他的软肋◎

面对不愿合作的人，最好的办法就是攻击他的软肋。

在生活中，我们常常会遇到不合作的对手，并对他们无可奈何。不过，如果我们细心观察、仔细打探，那么就不难找到对手的软肋，然后从其最重要的地方下手，这样只要位置找得准，再难对付的对手也可以轻易征服。

亚当斯是美国第6任总统，也是一个令很多记者十分头痛的人物，他很少接受采访，并且从不轻易把自己的观点讲出来，这往往是很多记者十分失望的地方。有一位名叫安妮·罗亚尔的女记者想了解总统关于银行问题的看法，但尝试了多次都没有结果。

后来罗亚尔了解到，总统有一个习惯，就是每天黎明前一两个小时起床散步、骑马和在河中裸泳，于是想到了对付他的办法。

一天早晨，罗亚尔小心翼翼地来到河边，先藏在大树的后面，等总统下水以后，她就跑上来坐在总统的衣服上并对他说："总统，快点游过来吧!"

亚当斯十分羞愧，红着脸对她说："你想要做什么?"

"我是一名普通的女记者。"她回答说，"几个月以前，我就一直想见你，就美国银行的一些问题向你请教，可是你一次也不接受我的采访，你从来不给我机会，所以我就自己创造机会来了。现在我坐在你的衣服上，如果你不回答我的问题，那么你就在水里待一辈子吧！”

一开始亚当斯想要用计骗走女记者，于是缓缓地说道：“你先让我上岸穿好衣服，之后再回答你的问题吧！请你先到那棵大树后面去，我一会儿就可以了。”

“不行，绝对不可以。”罗亚尔十分急切地说道，“如果你上岸来抢衣服，那么我就要喊人了，你看，那边刚好有三个人在钓鱼呢！”

最后，亚当斯无可奈何，只好回答女记者的问题，而罗亚尔也得到了满意的答案。

对于亚当斯总统来说，名誉和地位是他的命脉，好的名声甚至比他的生命还重要。女记者巧妙地抓住了这一点，轻而易举地就达到了自己的目的。

事实证明，在别人的软肋下手，往往可以起到意想不到的结果，这比正面迎击好上千百倍。

抓住一个人对某个事物的珍爱心理，然后使用恰当的手段，就可以让对方让步，最终达到你的目的。

所谓“知己知彼，百战不殆”，将对手的底细搞得一清二楚，往往可以出奇制胜。同时，掌握对手的资料也是战胜对手的重要前提。但一个人的真实状况是不会轻易显现的，所以需要我们细心观察、耐心等待，进行大量的调查和取证，只有这样我们才能够看清对手的底牌，也才可以在这张底牌上做手脚，抓住对手的命脉，从对手的弱点下手，最终达到自己的目的。

◎面对不明就里的人，不妨利用他的从众心理◎

要说服一个不明就里的人，可以采用以众敌寡、逐渐同化的方式。

现实生活中，很多人无时无刻不受到从众心理的影响。比如，在大街上，两个人吵架本来不是什么大事，但是随着围观的人越来越多，交通就会被阻塞。又如，在超市的特价商品区域，很多家庭主妇都喜欢买那些大多数人在买的东西，尽管那些东西她们可能并不需要而且可能并不实惠。

这些行为都属于从众心理的表现，用俗话来讲，就是“人云亦云”、“随大流”。大家都这样做，那么我也就这么做；大家都这样认为，那么我也这样认为，反正大家认为的基本上都是正确的。

为什么会有这种行为呢？这是由于群体成员如果发现自己的意见和群体的意见不一样，或者说与群体中大多数人的意见相左时他就会感到压力，这种压力可能是来自于群体对自己的不承认，也可能是来自于自己对自己的不信任，但不管怎样，这种压力会促使这个成员趋近于群体的意见或者大多数人的意见。因为只有与群体意见一致，个人才会获得安全感，即所谓“法不责众”，即使群体意见错了，或作出了不恰当的事情，那么也不会一起受到责罚。所以，只有与众人保持一致，才会有“没有错”的安全感，即使做错了，他也会因为大家都这样做而感到安慰。

如果我们可以恰到好处地运用这种心理，那么它就可以成为制胜的法宝，帮助我们同化对方，让对方在孤立无援的境地下、在寡不敌众的劣势下不得不妥协，加入群体的队列。

很多商家已经意识到从众心理对人们行为的影响，并把它灵活运用到商业领域。

比如，一家卖烤鸭的连锁店在开张那一天，一般会雇用很多人来壮场面，从而吸引顾客。又如，一些商家向学生推销 MP4 的时候，一般会叫很多学生到商店门前随心所欲地携带 MP4 并作出十分享受的样子。这种故意烘托出来的气氛对于潜在的消费者来说具有巨大的诱惑力，他们会以为这么多人都在这儿买 MP4，那么这儿的 MP4 一定不错，所以就会去买。

由此可见，利用从众心理可以帮助我们聚结很多人，从而增加我们的人气。此外，从众心理还可以帮助我们协调组织内部的意见，争取做到全体一致。这种影响个人的方法可以概括为：以众敌寡、逐渐同化。

总之，在现实生活中，如果我们能够巧妙地运用这种从众心理，那么就可以达到说服别人的目的。

◎面对员工，领导如何说服、管理他们◎

领导一定要熟悉员工的个性，并能够采取相应的对策，这样才能获得有效的管理。

没有哪一位领导不希望自己可以有效地领导自己的员工，那么对于领导来说，首先要做的一件事就是摸清员工的脾性，掌握员工的性格特征，然后才可以根据不同的性格特点进行不同方式的领导，从而促使员工既完成分内的事情，又积极主动地做一些对公司有益的事情。

一般情况下，员工的性格特点可以分为三类：其一，情绪不稳定型；其二，“硬汉子”型；其三，循规蹈矩型。针对不同的性格，领导应采取的策略也不尽相同。

1. 适当使用情绪不稳定型员工

一些员工根本就没有稳定的情绪，总是忽冷忽热的，在“热”的时候做起事来如火如荼、十分激烈，但是当他们“冷”下来的时候，就会毫无斗志、散漫邋遢。

这样的员工一般把工作视为一个艰难困苦的差事，他们不会在工作中寻找快乐，也不可能找到快乐，但又不会轻易地放弃自己的工作，因为他们要谋生。他们往往不能吃苦耐劳，也缺乏挑战困难的勇气，但对享受却垂涎三尺，精于玩乐之道，凡是可以让他们快乐的事情，他们都会亲自去体验一下。他们也有一些优点，比如性格外向、惹人喜爱、豁达开朗以及重感情、善于交际等等。

对于这类人，领导该如何正确使用他们呢？聪明的领导都知道，这类人不可以不用，但是也不可以重用。原因在于，这类人尽管有点才能，并且善于交际，但是没有稳定的情绪，容易受到外界的影响，往往在很多关键时刻不能立即作出决断，从而失去很多机会；在遇到困难时，他们会束手无策、怨天尤人，不能够坦然地面对困难。所以，对这类人委以重任，他们恐怕也无力担当。但这种人也并不是那种没有用的人，假如能够恰当地安排他们，给他们选择一个适合的职位，那么他们也能够发挥自己的潜能，作出成绩来。

当然，也并非所有人都要这样对待，对于一些有潜能的可塑之才，虽然他们的情绪有可能不稳定，但是只要领导认真栽培，还是有可能成为公司栋梁的。

2. 正确对待“硬汉子”型员工

这里说的“硬汉子”是指那些有个人原则的人，这类人不轻易接受失败，很有个性，对很多事情有自己独到的见解，而且性格坦诚，为人爽直，说话直来直往，从来不拐弯抹角。

领导一般不喜欢这种人，因为这种人喜欢提意见，并且一点也不讲究方法，批评领导也从来不避讳，常常让领导难堪。但是这种人往往很果断，思维也很敏捷，做任何事都头脑清晰，从来不会被困难打倒，往往具有明知不可为而为之的勇气，相信自己可以克服一切困难。这种人一般不会因为一时的失败而情绪低落。

所以，聪明的领导都应该重视这种人，并且重点栽培，给这些人一些私人的建议和必要的帮助，让他们掌握一些人际交往的技巧。现实生活中，有很多领导在选择自己的接班人时，往往会把目标锁定在这种“硬汉子”上。

一个成功的领导不但会识人才，而且会重用人才，他是绝对不会放过一个优秀的人放过的，在他的眼里，硬汉的耿直是一种优点，因此他不会介意他们的耿直，反而会把很多重要的事情交给他们去做。正所谓“千军易得，一将难求”。因此，作为领导，一定要善待那些有缺点但更有优点的人才。

3. 灵活运用循规蹈矩的员工

有些员工天生就不是一个能够创造的人，他们只会模仿，没有自己的风格和主见。如果没有一套现成的规矩，那么他们往往容易陷入迷惘，不知所措。

这样的人一般不会有什么突破性的成就，因为他们对新观点、新事物的接受较一般人慢。他们从来只知道墨守成规，不知道变通；只知道搬出老的套路，寻找已经存在的依据，不知道有所创新。此外，这种人缺乏主见，一般情况下根本就没有多少潜力，一生的发展都局限在一个较为平庸的水平上。因此这种人不能够委以重任，因为他们根本没有魄力。但是这类人也有自己的优点，他们容易管理，不惹是生非，虽然没有什么创新可言，但如果领导把一般的事情交给他们去做，他们也会按照领导的意图把事情做得十分出色的。

所以，领导应该把一般的琐碎的事务交给这类人去做，他们会主动模仿领导的做事方法，把工作圆满完成，让领导放心、满意。

4. 恰当安排勤奋而低效率者

有的员工非常勤奋，经常早到晚退，但是效率却十分低下，一天下来做的事情可能还没有其他人两个小时做得多。

对于这类人，有的领导会采取冷漠的态度，但也有很多领导对他们表示同情。

当然，这类人也不可以不用，因为他们废寝忘食的工作精神可以激励其他的员工，虽然不必提升他们，但给他们一定的奖励还是可以的。

第 10 章 ╱ 有“备”无患

多备一些方案，你一定能说服对方

生活中，我们都会有这样的体验：你越是强迫别人，别人越是反其道而行之。这种情况下，你就不要用给对方施压的办法去说服他了，你应该用更柔顺、更委婉的方式让他主动跳入你预设的“陷阱”中，这就是诱导的说服方法。

◎从对方感兴趣的地方着手◎

共同的兴趣能产生共同的语言，共同的语言便可以拉近彼此的距离。

“酒逢知己千杯少”，两个人如果意气相投，就会有说不完的话，因此在与他人交往的过程中，我们应该寻找彼此有共同话题的地方，这样双方的交谈才会顺利进行，我们也才能够掌握对方的很多信息，还可以拉近彼此的距离，增进彼此的感情。

威廉·费尔浦斯是美国著名散文家，他曾经写道：

我在八岁那年，有一次到姑妈家度周末。傍晚的时候，有一个中年人来到姑妈家里，但姑妈并不喜欢他，对他很是冷淡。他跟姑妈随便说了几句话之后，就把注意力转向了我。那时，我正在专心地玩着模型船，他看得出我对船很感兴趣，于是就和我讲了很多有关船只的事，而且讲得生动有趣。他走了以后，我还意犹未尽，之后一直向姑妈提起他。姑妈对我说，他是一个律师，根本不可能对船只有什么兴趣。“但是，他为什么和我讲那么多有关船只的事情呢?”“因为他这个人很有风度，他知道你对船只有兴趣，为了博取你对他的好感，所以就讲一些和船只有关的事好让你高兴了。”姑妈告诉我。

由此可见，谈论别人感兴趣的事情可以拉近彼此的距离，增进彼此的感情，对于这一点，下面的一个例子足以证明：

刘微很喜欢足球，有一次在去北京的火车上，她看到旁边坐着一个东北口音的小伙子，就和他闲聊起来。一开始的时候，她故意装出惊讶地得知他是东北人的样子，然后说起东北人豪爽、讲义气、特别爽快。小伙子非常高兴，就自报了家门，说他叫陆军，是大连人，并说东北人真的很够朋友，豪爽粗犷。接下来，刘微话题一转，说东北人也很团结，特别是大连的足球队，虽然不是每个队员都很出色，但他们团结一致，努力拼搏，也时常取得好成绩。很巧的是，陆军也是一个足球迷，于是两人谈得不亦乐乎。下车后，两人互换了名片，之后，在陆军的介绍下，刘微认识了很多足球界的名人，并在他们中间做了很多业务，做得有声有色，得到了领导的夸奖。

在与陆军的交谈中，刘微先从东北人的豪爽谈起，获得了陆军的好感，之后谈到了陆军感兴趣的足球，两人不但成为好朋友，这层关系还帮助刘微顺利地完成了任务。

所以，要想说服对方，就要从对方感兴趣的地方着手，把对方深深地吸引进他自己的兴趣圈里，再进行下一步的操纵，这样，最终完成任务，达到目的，就是轻而易举的事。

◎尊重对方，晓之以理，动之以情◎

激发对方的同情心，也许说服的效果能倍增。

在美国经济陷入困境时期，一个17岁的女孩好不容易找到了一份在高级珠宝店的工作。圣诞节前夕，店里来了一个30岁左右的衣衫褴褛的顾客，他用一种不可企及的目光盯着那些高级首饰发呆。

这时候，恰巧有一个电话打来，女孩要去接电话，慌乱中一不小心把一个碟子弄翻了，顿时，六枚精美绝伦的金戒指掉在了地上。她迅速捡起了其中的五枚，但却怎么也找不到第六枚了。突然，她看到那个中年顾客正朝门外走去，顿时明白了自己为什么找不到那枚金戒指，原来是被那个顾客捡走了。

当男子将要跨出店门时，女孩用温柔的语气说道："先生，对不起!”那个顾客转过身子，呆呆地望着她，两人相视无言，就这样过了足足有一分钟。“什么事?”顾客问，脸上的肌肉在不停地抽搐。女孩一时间竟也无言。“什么事?”顾客再次问道。“先生，这是我非常辛苦才找到的第一份工作，现在这个时期，找份工作非常困难，不是吗?”女孩神色黯然地说。顾客长久地看着她，内心在不停地波动，终于他深深地吸了一口气，脸上顿时浮现出一丝微笑。“是的，的确是这样。”他回答道。“但是，我可以肯定，你在这儿一定能够好好地做下去。”说完，他走向柜台，把东西放在了原处，之后就走了出去。

在这个故事中，女孩之所以能够说服顾客返还金戒指，是因为她对其晓之以理，动之以情，顾客知道，现在正是金融危机，工作难找，那个女孩好不容易才找到一份工作，如果失去了，那么她也会变成一个“流浪汉”，这不是害人吗？所以，最终他返还了金戒指。而女孩也正是抓住了顾客的这种心理，发出“同是天涯沦落人”的呼唤，把顾客的良知给唤了回来。试想，如果女孩当时就大喊大叫，叫来警察或者保安，那么即使她可以追回金戒指，她也不能够保住自己的工作了，因为公司不会要这样一个没有策略的女孩。

由此可见，对人晓之以理、动之以情在说服一个人的过程中是多么的重要。

◎让对方感觉自己很重要◎

你尊重对方，对方才会用同样的态度回报你。

许多人事业之所以成功，原因就在于他们懂得说服之术，其中最重要的一点，就是他们能够让对方觉得自己很重要。他们能够尊重别人，能够重视别人，能够满足别人对“自我重要性”的需求。

罗斯福总统是一位很懂得尊重别人的人，时常可以让对方感觉到自己很重要。

每当要接见某个人时，罗斯福总统都会运用前一天晚上的时间好好研读那个人的资料，他等到彼此见面时，总可以找到对方感兴趣的话题，让对方觉得自己受到了重视，得到了总统的尊重，这样每次谈话都可以皆大欢喜。

总统尚能够做到这些，我们这些普通人又怎么不能承认他人的重要性呢？所以，要让自己受到别人的喜欢，一般要和对方谈论他感兴趣的话题，要让对方觉得自己很重要，觉得自己受到了尊重，这样在满足了对方的重要感之后，我们自己的很多问题也就迎刃而解了。如此根本不需要我们费过多的口舌就可以解决问题，何乐而不为呢？

那什么时候才可以做到让对方觉得自己很重要呢？答案应该是随时随地都可以。

例如，你在饭店点了一份鱼香肉丝，而服务员给你端来的却是回锅肉，那么你就可以说：“太麻烦您了，但是我点的是鱼香肉丝。”他可能会这样回答你：“不，一点也不麻烦，实在对不起，我立刻给您拿来。”他为什么会这样做呢？因为你已经对他表现出了应有的尊重，而他一般也不会不识趣，不会再刁难你，让你为难。

其实，在生活中，一句客气话就可以表达对他人的尊重，如“谢谢你”、“请问”、“麻烦你”等等。这些细微的礼貌都可以让对方觉得自己受到了尊重和重视。所以，我们不要对他人吝啬我们的礼貌，而要充分地表现出对他人的尊重，只有这样重视他人，自己才会被重视。

◎以诚待人，才能换来对方的真心◎

虚情假意，是不能收买别人的真心的。

如果想要让对方赞同自己的观点，就必须诚心和对方交谈，以德服人，以理服人，以情服人，这是感情、知识和心智力量使然。因为感情上的共鸣、知识上的信服和心智上的接受是说服一个人的前提。

一位诗人曾说："动人心者，莫过于情。"只要抓住了对方的心，何愁不能够说服对方。

如果为人真诚，说话时付出真心，那么即使你的语言表达能力不是很好也没有太大的关系，很多例子都证明，在与人交流时表现出真诚，要比单纯地追求语言的流畅要好得多。

1915年，美国工人大罢工。那个时代，小洛克菲勒还只是科罗拉多州一个没有名气的小人物。当时，小洛克菲勒所管理的公司也发生了大罢工，工人们群情激奋，引来了军队的镇压，导致流血事件发生，很多工人都被当场杀死了。

当时的情况可以说是民怨沸腾，但是作为管理者，小洛克菲勒竟然赢得了工人们的信赖，他为什么能够做到这点呢？原来，小洛克菲勒用了几个星期的时间结识了很多有影响力的朋友，并在此期间发表了一次充满真情的演说，这次演说十分成功，不但使得小洛克菲勒所在的公司得救，而且为小洛克菲勒赢得了很多赞誉，他获得了很多人的尊重，特别是那些之前对他有所厌恶的罢工者们。演说的内容是这样的：

"这是我一生中最重要的日子，也将是最值得纪念的日子，因为今天我有幸能够和这家大公司的员工代表们见面，还有很多公司的行政人员以及管理人员，我可以对你们说，能够站在这里，我真的很高兴，在我有生之年，我都不会忘记这次聚会。假如这次聚会提前两个星期举行，那么对于你们来说，我可能就只是一个毫不相关的陌生人，我也只会认识你们之间极少数的人。但是，上个星期以来，我有机会拜访了整个矿区，私下和大部分代表们交谈过，也拜访过你们的家庭，与你们的家人见过面，为此，现在的我们已经不是陌生人了，也许可以说，我是你们的朋友。基于这份友谊，今天的我很高兴有机会和大家一起讨论我们的共同利益。由于此次会议是为了解决资方和劳方的争议，而我既不是资方，也不是劳方，所以在某种意义上，我可以代表你们双方的利益，而这也是我今天之所以在这儿的理由。”

这一次真诚的演说是小洛克菲勒化敌为友的最好途径，也是他和劳工们关系进一步发展的证明，更是他成功的开始。试想，假如洛克菲勒采取另一种方法，与劳工们争得面红耳赤，用侮辱性的语言辱骂他们，或者用手法暗示错误的一方在于劳工，那么这可能引起意想不到甚至是不可控制的恶劣后果，劳工们可能群情激奋，再次发生暴动，制造新一轮惨绝人寰的暴行。

所以，以诚待人，真诚地和人交谈，是和对方争辩的最佳途径，也是获得胜利的有效法宝。因为一个真诚的人，一个具有个人魅力的人，即使语言表达不是特别的好，他也能够让一个能言善辩的人变得哑口无言，乖乖地听从他的提议。

◎利用群众的压力，迫使说服对象屈服◎

利用人的从众心理，可以有效地说服没有主见的人。

有个心理学家曾经做过一个很有趣的实验：五人围成一桌，判断线段长度。第一组卡片呈现后，每人依次大声说出自己的判断，五个人判断相同。然后，开始呈现第二组卡片，大家的回答又是一致的。就在大家觉得实验单调没有意思的时候，第三组卡片呈现了，第一位认真观察之后，作出了错误回答，接着第二、三、四位都作出了错误回答。到第五位的时候，他感到十分为难，因为他的感官感觉告诉他，之前四位的判断都是错误的，但最后他还是小声地说出了和别人一样的错误判断。

其实，这个实验是实验者故意安排的，之前的四位是实验者的助手，只有第五位才是真正的被试者。这个实验告诉我们，当其他大多数人都做了这样的回答以后，剩下的人不会作出那样的回答。这就是我们经常听到见到的所谓的从众行为。

当个人觉得自己与大多数人不一致的时候，会为了使自己不被认为特立独行而作出和大多数人一样的行为，所以当我们在说服一个人遇到困难时，可以和他说："大多数人都是这样认为的。"那么这个人可能就会放弃坚持，转而相信你的话。

为什么会出现这样的从众行为呢？一般情况下，大概来自于两种不同的压力：

第一类压力来自于群体规范。任何与群体规范不一致的行为或意见基本上都会受到群体规范的排斥，而个体会受到这样的排斥，害怕自己被孤立，不能归属于群体，就会作出和群体一样的行为，也就是受到了从众效应的影响，出现了从众现象。

第二种压力来自于群体信息。我们常常以为他人是信息的重要来源，认为外部世界的很多信息都是从他人那里得到的。在大多数时候，那些我们认为可以带给我们正确信息的人，往往是我们最容易效仿的人。这种信息压力引起的从众行为十分常见，无论是在实验室中还是现实生活中，我们都可以看到。因为人们不相信自己，怀疑自己，反而相信多数他人的意见，认为他人意见多数都是正确的，为此丧失了自己可能更加正确的判断能力，导致从众行为不自觉地产生。

第 11 章 ╱ 见机行事
说服别人要抓住最佳时机

每个人每天或每段时间都会经历不同的事，也会有不同的心境和状态。如果我们不能观察到一个人内心状态的变化而一味地用一种办法去说服他的话，那肯定会事倍功半的，只有看准对方的心态，抓住最佳的时机才能达到事半功倍的效果。

◎说话要讲究时机◎

把握时机，才能让语言焕发出更大的魅力。

孔子在《论语·季氏》里说："言未及之而言谓之躁，言及之而不言谓之隐，不见颜色而言谓之瞽。"这句话隐含了三层意思：第一，不该说话的时候说话，是急躁；第二，应该说话的时候不说话，是隐瞒；第三，不看对方脸色说话，是瞎说。

以上三种方式是没有把握住说话时机的表现，忽视了说话的策略和技巧。说话是与对方的交流，它受到各种条件的制约，如说话对象、周围环境以及说话时间等等。所谓说话要把握住时机，就是指如果该说的时候不说，就会丧失说服成功的机会。同样，如果不顾对方的感受而乱说话，不注重周围的环境气氛，很有可能因为没掌握说话的分寸而导致对方误解，那后果就更严重了。

也就是说，如果说话时机不对，即使对话的内容非常精彩，也不会有任何意义。就好像一个棒球运动员，即使拥有强健的体魄、良好的技术，如果击球时没有掌握好击球的瞬间，结果还是不能击到球。

某学校为两位退休老师举行欢送会，在会上领导同时赞扬了两位老教师的工作和为人。但是其中的一位老教师之前多次获得过“先进”荣誉，在这次会上又获得了更多的荣誉，这就让另外一名老教师非常难过。这位老教师在说完答谢词之后说：“我这辈子最遗憾的事情就是从来没有得过‘先进’……”这时，另外一名青年教师因平日与他不合，就说：“不是你不配当先进，而是因为我们不好，没有提你的名。”这时，整个会场一下子变得十分尴尬。领导看气氛不对，马上说：“其实‘先进’只是一个名义，没有评上并不代表不先进，最重要还是要看事实……”领导本想缓和气氛，结果却导致局面更加糟糕。

其实，在这个故事里，退休老教师、青年教师以及领导共同造成了整个会场的尴尬局面，他们都没有掌握好说话的时机。首先，即使心中难过，退休老教师也不应在大家为他开欢送会的时候说出这些话；其次，青年教师不应在这种场合为图一时之快，故意说一些刻薄的话；最后，在会场气氛尴尬时，领导应该尽快岔开话题，缓和会场气氛，而不应该在这个问题上继续纠缠。

因此，说话时把握时机很重要。我们需要根据时间、地点、对象的不同，思考应当说的话以及应当如何说话。在时机成熟之前，我们需要有充分的耐心，积极准备，这样才能流畅地表达自己的观点。

◎别在公众场合批评别人◎

不给对方留面子，到头来，吃亏的只能是自己。

会说话的人总是能够根据不同的场合随机应变地说话，即使否定和批评别人也能够把握好时机。愚蠢的人则经常不分场合，随意批评别人，导致场面尴尬，使问题更加严峻。

一般来说，批评应在小范围内进行，这样能够与对方更加亲近、融洽。如果实在需要在公开环境中批评，也要注意措辞。比如说，领导在公开场合批评下属，不仅会伤害到下属的自尊心，还会让别人认为领导比较刻薄、不识大体。

在一个商务宴会上，公司邀请了许多客户参加。公司的一位职员所穿衣服不够得体，经理马上过来训斥该职员："为什么今天穿这样的衣服?”

职员解释说：“因为之前准备的衣服坏了，所以就……”

“那也不能穿着这样的衣服过来！简直是给公司丢脸。马上去换一件，不然就离开这里，不要在这儿丢人了。”

面对咄咄逼人的经理，职员只能狼狈地离开会场。

目睹这一切的客户觉得经理非常过分，后来放弃了与该公司的合作。这个经理也在几个月后被调到了外地的分公司，原因就是无法与下属和睦相处。

不仅要避免在公共场合批评别人，在其他一些场合也要注意。如两位下属起了冲突，作为领导就要避免在一方面前批评另一方，以免受批评的一方认为领导是出于私心帮助另一方，从而使矛盾更加激化。

批评的目的并不在于打击别人，而是要让人认识到自己的错误，并加以改正。大量的事实表明，恰当地选择批评的时机，更有利于达到批评的效果。如果批评的场合不当，即使批评的内容正确，也可能达不到批评的目的。因此，批评别人一定要选好时机，才能得到别人的认可。

◎巧妙地拒绝别人的无理要求◎

即使对方提出的要求是不合理的，我们也不要当面拒绝他，最好用委婉的方式说服他放弃自己的要求。

拒绝别人需要一定的技巧。许多人一般都不好意思拒绝别人，但有时候面对不合理的请求或者自己不便答应的请求时，我们必须学会拒绝。这种情况下，我们如何做到在不伤害对方自尊心又不影响对方对自己的看法的前提下拒绝别人呢？这是一种技巧。在对方提出此类请求时，我们不必当场拒绝，可以通过“认真考虑，过段时间答复你”的方式，一方面让对方觉得你认真考虑了他的请求，另一方面也为你赢得了思考如何答复的时间。

某单位职工找到领导希望调换岗位，领导明白不能调换，但他没有马上拒绝该职工，而是说：“调换岗位涉及几个人，我需要认真考察你们这几个人，然后把你的要求报给厂领导小组，小组需要讨论才能决定。”

领导的这个回答一方面让职工觉得领导对他的请求认真对待，另一方面也明白调换岗位并不容易，心里也就有了预期，知道并不一定会调换成功。这比当场拒绝的效果要好得多。

李广夫妇通过银行贷款开了一家水果店，生意不错。李广的叔叔整天游手好闲，经常赌博，欠了大量赌债。一天，李广的叔叔因被逼还债而手头上又没有钱，于是到李广的店里以要买三轮车为借口向他借五千元钱。李广知道叔叔不务正业并且好赌，就对他说：“可以！不过等过段时间我把银行贷款支付了就给你。银行的钱不能拖，你要买三轮车可以再缓缓。”叔叔听了也没有办法，只能先离开了。

李广在处理这件事情时，并不说不借，也不说马上就借。一方面表示目前没有钱借；另一方面表示我并不富有，过段时间也不能保证一定能够借。这样说后，叔叔也不能心生怨恨，因为李广并没有说不借，只是说要缓一段时间。因此，在拒绝别人时，巧妙的拖延要比当场拒绝有效，且不伤和气。

◎时机不成熟时就潜心修炼自己◎

成功的关键就在于我们是否能够抓住时机，把握机会，化劣势为优势。

在时机不利于我们时，潜心修炼，而当时机成熟时，把握机会，化劣势为优势，掌握主动权，毫不犹豫地前进，这才是成功之道。

毛遂在平原君门下，潜心修炼，三年以后，毛遂自荐，最终得到重用。毛遂之所以三年不强行出头，原因就在于时机不成熟，如果贸然自荐，不仅不能一鸣惊人，还有可能招人耻笑。但通过潜心修炼，一旦时机来临，挺身而出，就会产生意想不到的效果。每个人都应该认准时机，该隐藏的时候隐藏，该出头的时候毫不犹豫地出头，把握好“藏”和“出”之间的度。

罗伯特是世界上第一台微型电脑的创造者。他的产品在市场上很有吸引力，尤其是在比尔·盖茨的微软公司跟他合作之后，他更是如虎添翼。当时，罗伯特没有竞争对手，完全有机会发展成为超级富豪，但他没有把握好时机，在犹豫中浪费了大好机会。当时罗伯特陷入了是否应该继续产品研究和革新的矛盾之中，他想趁势赚钱，害怕大力开发新产品，一旦失败，时间和金钱就会付诸东流，但他忽视了随着科技的不断发展，如果不革新产品技术发展的后劲势必会不足。

正是在这种矛盾和犹豫中，罗伯特错过了发展的良机。不久后，其他公司也生产了微型电脑，而且性能更加优越。这回罗伯特着急了，但他仍然没有考虑利用目前的优势改进产品，而是把时间花在了攻击对手上。他在报纸上谴责那些公司，说他们剽窃了自己的技术。但这仍不能阻止对手前进的脚步。接着罗伯特又出损招，将自己的电脑与微软的软件搭配销售，他知道微软的软件具有很大的客户群，他要求顾客在购买软件的同时必须购买他的电脑。这无疑严重损害了微软公司的形象与利益。于是，双方关系破裂，合作终止。罗伯特最后黔驴技穷，无以为继，只好卖掉了自己的公司。后来，他转行去小镇上做了牙医。

在竞争中，不会有人永远处于优势地位或是劣势地位，成功的关键就在于我们是否能够抓住时机化劣势为优势。当形势对我们有利时，我们一定要抓住机遇，大踏步前进，不让机会白白流失。机会稍瞬即逝，如果我们不小心错失了机遇，也不能怨天尤人，只能采取措施尽力补救，才可能会有转机。

◎故作“迟钝”的人未必就不是聪明人◎

在说服过程中，时机未到时保持沉默，也能赢得成功。

哲学家说，沉默是一种成熟；思想家说，沉默是一种美德；教育家说，沉默是一种智慧；艺术家说，沉默是一种魅力；我们说，沉默是一种可贵的处世之道。

心理学家认为，在不同的场合，人们对同样的话有着不同的见解和感受，并表现出不同的心理承受力。正因为受到场合的制约，有些话在某些场合说就是合适的，而在另外一些场合说可能就是不合适的。同样一句话，在不同的场合说会产生不同的效果。因此，说话时一定要考虑说话的环境，如果环境不适宜，最好保持沉默。

在一次商务谈判中，双方代表分别是A公司和B公司。谈判一开始，B公司就滔滔不绝地向A公司介绍情况，A公司则认真地进行记录。B公司代表讲完后，询问A公司的意见，A公司表示很疑惑，当即说道：“这个问题我们完全不明白，请允许我们回去研究一下。”于是，第一次谈判结束。

几个星期后，A 公司又换了一个谈判小组与 B 公司谈判，该谈判小组表示自己不了解之前的谈判情况。没有办法，B 公司只能再介绍了一遍。但介绍完之后，A 公司代表的态度仍然不明朗，还是要求回去研究一下。于是，第二轮谈判结束。

再过了几个星期，A 公司再派了一个新的谈判小组。新的谈判小组在谈判桌上故伎重施，还是以不明白为借口回去考虑。但这次，他们告诉 B 公司一旦有讨论结果立即通知。

半年过后，B 公司仍然没有接到通知，以为 A 公司缺乏诚意。就在此时，A 公司突然派了一个代表团来到 B 公司开始谈判，抛出了最后方案，令人措手不及。

谈判最后，双方达成一项明显有利于 A 公司的协议。这场谈判成功的关键在于 A 公司认真倾听，在完全将对方的方案研究清楚之后再开口，从而达成有利于自己的协议。

在谈话中，故作“迟钝”的人未必就不是聪明人，也许“迟钝”的背后隐藏着过人的精明。在商业活动中，有人推崇“大智若愚”的艺术，即多听、少说，显得“迟钝”。其实“迟钝”的目的在于通过冷静的思考获得最大的利益。少说是为了避免对方了解你的真实想法，你反而可以通过沉默来了解对方的真实动机，逐步掌握主动权。这时候的沉默，可以说是“实力侦察”。

“话到嘴边留半句，不可全抛一片心”的古训，就是将沉默作为安身处世之道。我们一定要谨记，该沉默时一定要三缄其口。沉默，作为一种特殊语言，也会赢得成功。

◎犯错的时候，要主动道歉◎

主动道歉，能掌握话语的主动权，赢得对方的谅解与尊重。

犯错的时候，要主动承认错误。与其等着别人来批评指责，还不如主动道歉，这样更加有利于获得谅解和宽恕。凡是一味坚持自己正确，发生争执后只知道指责对方而不知道反省自己的人，根本不能服众。作为领导，认错不会丢脸，反而可提高威信。能够坦承自己的错误并主动承担责任的领导，比自认为一贯正确、有错就把责任往下推的领导，更有威信，更能赢得下级的拥护和爱戴。

双方产生争执后，当务之急并不是先分清谁是谁非，而是要求同存异、互相理解、互相原谅，如果僵持不下，势必两败俱伤。此时就需要一方主动致歉，才有可能打破僵局，化干戈为玉帛，消除矛盾。道歉时也不必做过多辩解，即便确实存在非解释不可的原因，也应该在道歉之后略微解释，而不宜一开口就辩解。道歉之前首先辩解，不但不利于获得对方的谅解，反而会火上浇油，使别人对你的成见更深。

道歉时应该温和坦诚，目光友好地看着对方，多用礼貌用语，如“包涵”、“指教”等等。道歉的话应尽量简洁，只要基本态度表明，对方也表示谅解即可。否则，说得太多对方会认为你“以小人之心度君子之腹”，不信任他能够理解你的错误。

即使没有错，有时候也需要道歉。这并不是虚伪，也不是卑怯，而是一种真诚。如果确实因为客观原因使你失信，如气候变化、意外交通堵塞等，也是需要道歉的，因为你给对方带来了一定麻烦。一味地寻找客观原因，对方表面上不责怪，但心情肯定不会愉快，这不利于你与对方接下来的交流。

如果你有事请求别人帮助，对方已经尽力帮忙，虽仍未办成事情，但对方为此付出了许多劳动，此时凡是通情达理的人，出于对他人劳动的尊重，也会为自己给对方带来的麻烦真诚致歉。

另外一种情形，有时别人因不听你的劝告而闯了大祸，造成了严重的后果。此时，他正沉浸在悲痛之中，你绝不能急于先批评他，也不能埋怨他不听你的劝告，而应该先表示慰问，然后为事先没有再三极力劝阻他而致歉。过后，等他情绪平复，再利用合适的时机、场合与之总结经验和教训。这样，对方会万分感激你，并把你当作真诚可以信赖的朋友。

以上这些自己没有错误而需要致歉的情形，在日常社交活动中都会经常遇到，我们必须认真对待。

◎主动求和，化干戈为玉帛◎

如果我们能主动给犯了错误的人一个机会，两人的关系一定会更上一层楼。

在工作中，同事之间意见不合很常见。如果有必要，我们可以主动求和，化解矛盾。做到这一点也许很难，很多人会觉得没有面子，但如果你这样做，很有可能你们之间从此化就干戈为玉帛，成为至交好友。我们要允许别人犯错误，也要允许别人改正错误，不能因别人曾经犯过错误，就永远给他戴上错误的标签。知错能改，善莫大焉。

工作中，其他同事所犯的错误有时会给你带来一定的损失，或者在某种程度上与你相关。此时，你应该保持宽容的心态，正确对待同事的“过”。这是衡量你素质的一个标准，原谅别人是一种美德。

小李和小王共同合作一个项目。项目结束后，小李因新工作要出差，于是将最后的总结和汇报工作交给了小王。正巧小王当时父母生病住院，小王因忙于照顾父母，一时疏忽而把小李工作中一个重要的部分汇报错了。上级主管发现问题后立刻找到小王，但小王害怕承担责任，就将问题全推给了小李。主管立刻将小李从外地叫回来，要求他重新返工。小李回来后，主管立刻批评了他，小李一头雾水，等到仔细一问，才明白是汇报的问题，立刻向主管解释，这才消除了误会。事后，小王很愧疚，觉得对不起小李，但又不好意思找小李道歉。于是小李主动找到小王，对他说："过去的事就让它过去吧，不用在意。"小王十分感动，两人的关系更进一层。

其实，只要你主动谅解，你的风度会赢得对方对你的尊重。

宽容大度是一种胸怀，为小事斤斤计较、争吵不休，既伤害感情，也无益于矛盾的解决，甚至最后还会伤害到自己。

某些时候，也许对方说的话刻薄刺耳，如果不能宽容他的刻薄，你就会想说出更加刻薄的话。双方如果都是心胸比较狭窄的人，争论就会升级。多说一句也许能够获得一时的快感，但你在伤害别人的同时也会让自己烦恼。与其这样，还不如当时少说一句，大事化小，小事化了。毕竟，无谓的争执都是多余的。

如果你总是不能宽容别人，跟别人抬杠，反驳别人，也许你能获得当时的胜利，但那种胜利是虚无的，因为你永远不能得到对方的好感与认同。

◎要善于随机应变◎

在说服别人的过程中，能够随机应变才能百战百胜。

求人办事时，必须从一个合适的话题开始。找到这个合适的话题最好的方法就是投其所好，使自己所说的话能够深入对方的心里，办事自然容易成功；反之，可能只会招来对方的厌恶。

一个大学毕业生刚进一家公司做职员，按照公司规定，试用期内每个职员必须每个月至少拉到一个客户。但是这名大学生刚踏入社会，没有任何背景，每次去拜访陌生客户不是吃闭门羹，就是被人婉拒，让他回去等消息。

眼看第一个月就要到了，他心灰意冷，打算辞职另谋出路。没想到，奇迹突然出现，他不仅拉到了一个客户，还借着这个客户的引荐，一连拉到了十几个新客户，结果他不仅没有被炒鱿鱼，反而晋升为正式职员，成为该公司的“优秀营业员”，薪水也翻了好几番。

那这个新进公司的“菜鸟”究竟是如何找到他的第一个客户的呢？后来，他将这段精彩经历讲述了出来。

那天，我愁眉不展地踏进那家公司，到门口的时候，因为前几次都吃了闭门羹，我更加胆怯了。忽然，我看到门牌上该公司经理的姓名，就有了主意。

这位经理的名字挺奇怪的，叫“万俟明”。以前我看《说岳传》时，书中有个人就姓“万俟”（做姓氏读mò qí），当时我特地查了词典，知道了这两个字的读音。

因此，我走进办公室时，就礼貌地称呼他：“万俟先生，您好！我是某某公司的职员，今天特地来拜访您。”

刚说完这句话，对方就吃惊地问我：“你怎么知道我的姓，一般人第一次都会念错，大部分人都会叫我万先生。”

我接着说：“这个是复姓，很少见，应该有来头吧!”

对方高兴地说：“这个姓原是古代鲜卑族的部落名称，出自鲜卑族拓跋氏。”

我进一步说：“那您必是名门之后了!”

那位万俟经理听了之后非常高兴，继续跟我解释这个姓氏的由来。也就凭着此次交谈，他成为我的客户，而这家公司旗下的许多公司也成了我的客户。

由此可见，随机应变，寻找对方感兴趣的话题是相当重要的。不仅对初次见面的陌生人要注意这一点，在请求我们的朋友或者上司办事时同样需要注意这一点。

汤姆新买了一台电视机，因质量问题几次到维修站修理都没有修好，于是他去找了商场的经理。经理立即找来修理工吉姆询问情况，并对其提出批评，要求吉姆立即同汤姆去修理。

一路上，吉姆因为被批评而对汤姆很不满。汤姆灵机一动，询问他是否有喜欢看的小说，吉姆回答说喜欢侦探小说。于是汤姆就与吉姆聊起了侦探小说，一路上两人聊得津津有味，开始的尴尬气氛没有了，后来两人还成为好朋友。

除了要积极寻找对方感兴趣的话题之外，考虑最佳说服时机也很重要。

有人研究表明，在讨论会上，第二、三个人谈完之后及时切入话题的效果最佳。此时气氛已经开始活跃，如果你不失时机地提出观点，会很容易引起关注。首先发言会因为听众还没有完全进入状态而不是最佳时机，而到了最后发言，又会因为大家已经开始疲倦而不能产生很好的效果。

在说服别人时，要特别注意选择对方心情比较平和的时机。当对方特别劳累、恼怒或者注意力集中在其他事情上时，是不会认真与你交谈的。

合适的时机还包括对方脸色和蔼。也就是说，在开口说服别人之前，应该先看看对方的脸色，再决定如何说话。这里的“脸色”，是指人的内心在面部的表情反应。人的心境是好还是坏，在与人交谈之前，一定要作为前提加以考虑。

第12章 / “稳、准、狠”瞬间击溃对方的心理防线

> 机会是稍纵即逝的，即使是在说服的过程中也不例外。如果你已经发现了双方的共同点，或看出了对方的心理波动，一定不要放松，要抓住这个绝妙的时机，一鼓作气，击溃对方的心理防线。

◎避开对方的忌讳，寻找共鸣◎

先拉近距离，然后才好提要求。

尽管人与人之间在许多地方具有相同性，但要产生共鸣，还需要相当多的说话技巧。尤其是对他人有所求时，不要太早暴露自己的意图，且最好先避开对方的忌讳，从对方感兴趣的话题入手，让对方一步步跟随着你的想法与思路，不自觉地产生认同感。

伽利略年轻时就梦想在科学研究领域有所建树，且他希望得到父亲

的支持与帮助。

一天，他对父亲说："父亲，您为什么与母亲结婚？"

父亲回答说："我爱上了她。当时家里人想要让我娶一位富有的女士，可我钟情于你的母亲，就娶了她。"

此时伽利略话锋一转，说："我现在也面临着同样的处境。我对科学的爱就犹如您对母亲的钦慕，我已经不能选择别的职业了。"

父亲问："你为什么会这样说呢？"

伽利略说："亲爱的父亲，我已经 18 岁了，别的学生都已经想到了自己的婚事，但我从来都没有想过这方面的事情，此生我都愿与科学为伴。"

听他这么说，父亲有些为难："可是我没有钱供你上学。"

伽利略继续说道："我可以去领公爵宫廷给的奖学金。您在佛罗伦萨有那么多交情不错的好朋友，您能不能请他们去问一问公爵的老师？"

父亲被说动了，高兴地回答说："嗯，你说得有道理，这就去办。"伽利略说动了父亲，实现了自己的梦想，最终成为闻名遐迩的科学家。

伽利略请求父亲帮忙时，实际上采用的就是"心理共鸣"的说服方法。这种方法一般可分为以下四个阶段：

(1) 导入阶段。先顾左右而言他，为使对方理解自己此刻的心情而引导对方回忆当时的心情。

(2) 转接阶段。巧妙地把话题转到自己身上。

(3) 正题阶段。说明自己的想法。

(4) 结束阶段。明确说明自己的请求，且可以通过举出这么做的好处而使对方接受。

正是通过巧妙运用“心理共鸣”的方法，伽利略获得了父亲的支持，为实现自己的梦想奠定了基础。我们在日常生活中也不妨尝试这种方法，尤其是在你对他人有所求时。

◎让对方养成听从于你的习惯◎

善于设置问题，才能让对方一直点头。

卡耐基就举过一个有趣的例子：

假设有两个人，你在屋内，对方在屋外，且你希望对方从屋外走到屋内。游戏规则是你向对方提问，对方用“是”或“不是”回答。如果他答“是”，他就向房间的里端迈进一步；如果他回答“不是”，他就向外端退后一步。如果你想让他从房间的外端走到房间的里端，最快的方式是不断地问对方一些他只能回答“是”的问题，且尽可能避免导致“不是”回答的问题。一些封闭性的问题，人们的回答99.9%是肯定的，此时你可以采用。

当一个人越多地对你说“是”，这个人越可能养成顺从你要求的习惯。比如一位你经常同意其意见的朋友劝说你做某事时，因你已经习惯于对其做肯定的表示，此时即使他还没有完全说明其请求，实际上你已经作出肯定的决定。

而你通常不会同意其意见的朋友有求于你时，否定的习惯会驱使你作出决绝的行为，即使他可能尚未完全说明其请求。

由此可以看出，使对方形成对你肯定性回答的习惯在说服对方时是多么的重要。反之，若其习惯性地做否定回答，则说服成功的可能性很小。

提出“只能回答‘是’”的问题，就是问你知道那个人会做肯定回答的事情。如果你愿意的话，你可以在问话里加上诸如“是这样吧”、“对吧”、“你会同意吧”等类似的词语。

在推销当中，价格是顾客最关心的问题，类似“设备的价格对你来说很重要吧”这种封闭性的问题往往会带来肯定的回答。通过一系列“是”的问答，买主很容易养成对推销员做肯定回答的习惯。

当某雇员想提醒同伴开始进行一个项目时，可以通过提出诸如“我们需要尽快完成这个项目，是吧”等这种予以肯定回答的问题的方式来实现。

这种只能予以肯定回答的问题已被反复证明是非常有效的。

◎既要提出批评，又要给人留条后路◎

人谁无过，批评时要给对方留后路。

人不可能避免犯错误，对于他人犯的错误进行批评时，不能一棒子打死，而应当抱着理解的心态，并给对方留有后路。

某老师在处理某同学丢失对其而言极为重要的钢笔的事件时，便采取了这一技巧。通过神色观察，该老师将偷拿钢笔的同学锁定为其旁边的同学，但他在提醒全班同学偷拿行为是不对的且会得到严肃处理时，并没有将自己的怀疑直接表示出来，而是转过头以安慰和理解的语气对丢失的同学说："不要着急，也许是哪位同学拿错了，等会儿她发现了就一定会还给你的。"说完便看了看那个学生。事后，偷拿钢笔的同学趁旁人不在的时候悄悄将钢笔放了回去。

假如当时老师直接把自己的怀疑说出来，并严厉地批评偷笔的同学，不可避免地会使一时犯错的同学处于尴尬状态，甚至导致更糟糕的情况发生。相反，这位老师用暗示的方法给犯错的同学留了个弥补错误的机会。在人际交往中，我们不应该对所有犯错的人都给予不可辩驳的宣判，而应当考虑错误的严重性、批评的场合、自尊心、个人性格特征等综合因素，给对方留有余地，督促其自觉改正错误。

另外，我们还可以假设双方在一开始时并没有掌握全部事实，以给犯错的人留有余地。例如，你可以这样说：“当然，我完全理解你为什么会这样想，因为你那时不知道那回事。”“在这种情况下，任何人都会这样做的。”“最初，我也是这样想的，但了解了全部情况后，我知道自己错了。”

人与人之间的个人感情是不能回避的，随着社会的发展，人际交往中的人情味也会越来越浓。

◎学会“一见如故”◎

掌握“自来熟”的本事，能让你更快地拉近与陌生人的关系。

人的一生总是不可避免要和陌生人打交道。如何打破与他们的界限，消除隔膜，顺利传达自己的思想，并使他们接受甚至是拥护，需要不凡的智慧。

充分了解对方信息，并根据对方的兴趣和特征说讨人喜欢的话，这在人际交往中有很重要的作用，罗斯福总统的下述经历便证实了这一点。

从非洲回国参加1912年参议院竞选的罗斯福，在第一次宴会上并不认识其他的来宾，而其他人虽然认识罗斯福但似乎对他没什么好感，显得很冷漠。为了接近这些不认识的人并进行交谈，罗斯福向坐在自己旁边的陆思瓦特博士询问了那些客人的大致情况。

询问之后，通过向不认识的客人提出简单的问题，罗斯福了解到他们的性格、爱好、职业、最得意的事情等信息。基于这些信息，罗斯福很快就有了同他们进行交谈的话题，并在不知不觉中与他们成为朋友。

美国著名的新闻记者麦克逊曾经对罗斯福总统这样评价道："在每一个人进来谒见罗斯福之前，关于这个人的一切情况，他早已了如指掌。大多数人都喜欢顺耳之言，对他们进行适当的颂扬，无异于让他们觉得你对他们的一切事情都是知道的，并且都记在心里了。"和陌生人第一次打交道时难免会拘谨，学会"一见如故"有助于打破尴尬，消除双方的隔膜并迅速融入交往。

◎不要过度批评别人◎

批评别人也要适可而止。

一个人做错事情是在所难免的，因此偶尔挨批评也是不可避免的，但过多的批评会有损对方的自尊心，因此需要适可而止。

批评的话不超过三四句，是任何一个谈话高手应遵守的准则。他们在对别人进行批评教育时，总给对方留一定的余地，见好就收；而那些不把对方批得体无完肤不肯罢休的人，往往把事情推到了反面，过犹不及。

一位姓李的工人从工厂里私自拿了一根钢筋回家，然后安在自家窗户上。领导知道这件事后，狠狠地批评了他一通。李某也认识到了自己的错误，真心地承认了错误。本来整个事情就应该告一段落，但是领导并没有打算了结这件事情，还要李某公开认错并写下保证书。书面保证倒没有什么，但是如果公开认错，就会让其他职工都知道这件不光彩的事情，这让李某非常为难，他只能选择辞职。

一般来说，批评应当适可而止，因为批评是为了帮助别人意识到错误，从而予以纠正，此时没有必要过度批评，使对方无颜面对他人。

有些错误尽管严重但并非原则性错误，需要公开时也应避免过分损害犯错误者的人格形象，应限制在尽可能小的范围内。一位日本的高级检察官因为在书店偷了一本书，被全日本甚至中国的电视台做了报道。这样的处理方式就很不恰当。事情本身还没有严重到这种程度，这样做只会使这位检察官声名狼藉，没脸做人，从此一蹶不振。

大多数人的本质都应该是好的，那种冥顽不灵、屡教不改的“老油条”还是占少数，在批评教育时应当以不损害对方自尊心为前提，适时、适当地进行。

◎抓住说服对象的心理波动时机◎

如果对方表现出了反感的情绪，那么你最好闭嘴。

外界的刺激会引起人的心理变化，而突然的刺激会导致心理被动。此时的情绪是强烈波动的，且可能导致不正常行为，亦是说服对方的最佳时机，可以通过陈述利害得失，使对方恢复理智、幡然醒悟。

要善于在人的思想、情绪容易发生变化或可能出现问题的关口及时进行说服教育，且说服的时机是否恰当，可以通过观察对方的情绪表现进行判断。

如果对方心平气和或超乎平静时，往往说明时机较为合适；如果对方存在反感或对立情绪时，除检查谈话方式、方法、谈话者观点和态度是否正确时，还应当考虑谈话时机是否成熟，以决定是否中止谈话。然后，通过积极观察、耐心等待或者采取适当措施，创造有利的时机，以达到说服对方的目的。

最佳时机并没有具体标准，应根据说服目的、对方的思想状态、心理特点等因素进行综合判断。

只要我们具有敏锐的观察力、准确的预测和果断、灵活的思维能力，说服工作就会像杜甫诗句中“知时节”的“好雨”那样“当春乃发生”，恰到好处地滋润人们的心田。另外，除了把握最佳时机外，从对方得意的事情入手亦是说服对方的最佳突破口。

每个人都有自己认为值得终生纪念的事情，尽管在别人看来可能不具有多大价值。预先了解且通过自然的方式提及对方得意的事情，只要对方不存在对你的厌恶情绪或正处于不如意的状态，一般情况下是很愿意倾听且很容易被说服。

当然，我们在进行说服时要注意技巧，表示敬佩，但不要过分推崇，否则会引起对方的不安。

第13章 以“气”服人
用你的气场“说服”对方

所谓“雄辩是银”，有时候就是这样，任你说得天花乱坠、滔滔不绝，人家就是不买你的账。相反，有些人只是三言两语，甚至默不作声都能吸引人的目光，这就是气场的力量。修炼你的气场吧，你将拥有更强的说服力量。

◎气场是一种无声的说服力◎

有气场的人，说话也有魅力，让人乐于听从。

时下如果要评价一个很成功的人，有一个词会被经常用到——“气场”。大家都认为一个优秀的人会有很强大的吸引力，犹如一块巨大的磁石一般，构筑一个强大的能量场，吸引住周围的人，让人无法离开，由于“气场”，他就是那一刻的主宰。

南朝刘义庆在《世说新语》中写过这样一个故事：匈奴派使者到魏

国进献贡品，实则寻机探听魏国虚实。当时的魏武帝曹操接见使者之前对自己的外貌很不自信，担心难以给匈奴使者以威吓，令国威受挫，便命崔季珪假扮魏王，而自己假扮一名提刀侍卫立在一旁以看究竟。

匈奴使者走后曹操并不放心，不知道这个假魏王能否骗过使者以起到威慑的作用，便派人追上使者以问究竟。使者说："魏王自然器宇不凡，不过说来奇怪，魏王身旁的侍卫却更加令人胆寒，此乃真英雄。"曹操听到后，大暗不妙，即刻派人杀之。

魏王可以假扮，侍卫也可以假扮，但曹操乃真英雄，其一身的霸气自内而外，即便是做了侍卫仍旧让人胆寒，可见这种气势是多么的强悍。而这种难以掩盖、不自觉地就感染了周围环境的气势就是气场。蜀国大将张飞，长坂坡一声怒吼，夏侯杰顿时肝胆俱裂。张飞能够以声杀人吗?其实不然，这体现的就是张飞气势的威力，气场够强，亦能取人性命。

没有一个人能告诉你气场到底在哪儿，因为它看不见也摸不到，只能由人的心灵去感受。气场所营造的氛围是各式各样的：有的人生活得很轻松，你和他交往也会处处感受到小幽默、小乐趣；有的人待人很亲切，你不会有压力，如同在森林氧吧中；有的人很严谨，和他们交往你会觉得紧张、压抑，时时刻刻都要绷着神经；还有的人对任何人都不友善，你靠近他时时刻刻都能感受到敌意……这一切一切都是由"气场"引起的。

在金庸的武侠世界里，"无招胜有招"乃武学最高境界。以不变胜万变，气之所至，形之所至，皆因个人造化已修炼至最高境界，形成了足以震慑对手的气势。金庸的武侠小说乃是成人童话，武学宗师终是不存在的，但生活中的大师的的确确有一种他人难以拒绝、难以超越的气场，这是生活的历练，也是知识的造诣。总之，他们的存在就是一种力量，你根本无法忽略，它已经感染甚至改变了你。

1960 年的美国大选就是印证气场力量的著名例子。那一年在美国历史上战功卓著的艾森豪威尔总统即将卸任，美国急需一位年轻有为的总统。美国第一次的电视竞选注定了这一次美国大选将被载入史册。民主党候选人肯尼迪与共和党候选人尼克松成为这一历史的主角。

其实，如果选举正常进行，尼克松在那一年应该是当之无愧的总统，舆论在大选之前都看好已当了八年副总统的尼克松，八年的时间让他积累了很多政治优势，而当时只有 43 岁的肯尼迪相比于尼克松只能说是政治圈的小人物，但正因为是公开的电视选举，气场改变了一切。

第一次电视辩论开始，尼克松走到台前，而美国民众看到的尼克松根本不是一个当了八年副总统、有着雄厚政治经验的总统候选人。由于之前生病住院，尼克松显得十分消瘦、无精打采，肥大的衬衣以及灰色的西服衬得他更加没有精气神，一副病态孱弱的样子。民众并不知道他之前生病，所以在他们眼中，尼克松八年的副总统生涯并没有让他有能力为国家服务，而是被国事压得喘不过气来。肯尼迪则与尼克松大为不同，更为年轻的他容光焕发、器宇不凡、朝气蓬勃、说话铿锵有力，充满了干练与决心，让广大的美国民众相信他有信心为这个国家服务。这一刻就注定了历史。

在美国第一次的电视大选中，尼克松败于他的对手肯尼迪，肯尼迪则凭借那一次的出色发挥弥补了其政治经验不足的弱势，让大家看到了他果断、自信的一面，这种气势自然要比所谓的经验更能得到大家的青睐，因此肯尼迪成功当选，成为美国历史上最年轻的总统。尼克松不缺乏经验，差的只是当时那一刻的气场。自信、活力、决心成就了肯尼迪，也打败了尼克松。气场的能量可见一斑。

从某种角度说，气场是成功的基础。每个人都想拥有融洽和谐的人际关系，希望得到更多的人的认可与喜爱，这需要这个人具有惹人喜爱的魅力与吸引力，气场便是基础。不是每个人天生都具有强大的气场，气场毋庸置疑是需要积累的。你要通过学习、借鉴不断完善自己的内在，同时也要注重自己的外在表现，内外合理的表现才能形成具有强大能量的气场，才能提高自己的影响力，慢慢地周围的人就开始靠近你、相信你、依赖你，你的魅力才能影响他人。

◎气场源于不卑不亢的气度◎

不卑不亢的人，有种不容侵犯的气度。

一个人的气场是通过各种外在的表现和动作展示于人的。人的一举一动反映着那一时刻他的想法与情绪。气场与身份无关，即便只是一个最普通的人，只要他挺直腰杆、自信从容，依旧能令人高看一眼。相反，即便他身世显赫，却唯唯诺诺，也丝毫不会博得他人的信赖。

如何表现出气场，简单地说就是“坐如钟、立如松、卧如弓、行如风”，也就是要在平时的简单行为中表现出精气神，干练、不拖沓、干净、利索等是最基本的要求。一个唯唯诺诺、走路驼着背的人与一个昂首阔步的人给人的感觉肯定是不一样的。

比如，我们在要求一个人的行为时往往会与军人做比较。在看国庆阅兵时，我相信每一个人都会被军人方阵那整齐划一的步伐与豪迈的气势所震撼，每一位人民解放军都犹如一柄利剑指向天际，这样的气势才能展现我军之威，再加上雄壮的口号声，震彻寰宇。我们普通人没有经过训练，不能也没有必要做到军人那么整齐，但注意自己的每一个动作，昂首挺胸，利索爽快，不仅能让自己在这些动作中收获自信，也能让对方受到自己的感染，用气场把周围的人吸引到自己的身边。

小郝就职于一家大型的保险公司，已经坐到金牌代理人的位置，有着骄人的业绩。公司的同事都很佩服他，客户也都对他赞不绝口，很多客户都愿意找他办理业务。说起来，支持小郝的动力就是：“很多人对保险业有误解甚至偏见，我想通过自己的努力扭转这些偏见。”

在工作中，小郝受到偏见的情况很多。有一次，他去一家公司拜访对方的总经理，想要推销一种新的业务。总经理一听小郝是推销保险的，脸色立马就变了，没说几句话就让小郝离开了。正当小郝要离开时，看到总经理把自己的名片和企划书都扔到了垃圾桶里。这一举动太让小郝气愤了，但是他并没有马上发脾气，而是很有修养地走回去把垃圾桶里的文件和名片捡了起来，并非常镇定地直视着对方。对方被小郝的举动惊呆了，没想到小郝会站直了再次出现在他面前。小郝用平和的语气但很严肃地说：“您是这个公司的总经理，如果您的销售人员遭受如此的对待，您做何感受?”没等对方回话，小郝便转身离开了。

没想到小郝的这一举动带来了良好的效果。没等他走出公司大门，总经理追出来亲自向他道歉，解释说自己以前在办理保险时吃过亏，因此对推销保险的人没有什么好印象，但小郝的举动改变了他的想法。小郝在了解到事情的原委后，不但签下了这一单保险，还主动帮助这个公司解决了之前的理赔纠纷，可以说实现了双赢。

在这个故事中，小郝在受到歧视后，并没有妄自菲薄，而是勇敢且有礼节地作出了回应，以自己的实际行动捍卫了尊严，并在了解到事实真相后主动帮助客户解决了问题，并赢回了保单，也为以后赢得了客户。可以说，小郝是用气场征服了对方。

气场来源于自信，散发出来的是一种不容辩驳的力量。当我们抬头挺胸的时候，对方感受到的就是一种自信满满的气场。即便对方是强势的一方，而在这种强大的气场下，这种差距也会减少。一增一减中，我们为自己赢得了尊重和有利的地位。

◎和蔼可亲也是一种气场◎

气场不等于气势，温和待人也能提升人气。

气场包含强有力的气势，但这不等于只能以强势压人，温和宽容的态度同样是有气场的表现。而且只要一个人的气场足够强大，这种温良的态度不会被人觉得是软弱，反而是十分亲近且更能吸引人的。

20世纪50年代，周总理抵达苏联，就苏联援建项目问题进行谈判。为确保万无一失，周总理把带去的相关人员集中起来，大家一起逐字逐句地讨论修改谈判的计划稿，并安排人员专门负责校对。当周总理拿到成稿后仍然发现了错误，但周总理并没有直接批评相关人员，而是在改天与这位同志共进午餐时，端起酒杯和他碰了一下笑着说："自罚一杯吧。"周总理就是用这样一种亲切、温和却又不失严肃的方式，既点出了这位同志工作中的失误，同时又没有伤及他的自尊心，一举两得，周总理做人处世的大智慧值得我们学习。

在1972年美国总统尼克松访华期间，与周总理的交往给他留下了深刻的印象。尼克松评价周总理说："他的品格是无与伦比的，我对他佩服之至。'恩来'在英语中是'恩惠降临'之意，用以形容他的风度与气质是再合适不过的了。他为人谦和、稳重，却又不失沉着冷静。举止优雅，一举一动都展示出了从容的姿态。他的人格魅力深深地感染了我。”可见，尼克松总统的评价是客观的，也是中肯的。周总理发脾气的时候不多，更多的时候是保持温文尔雅的态度，从没有因为他是总理而强势压人，这种温良的态度反而赢得了举国上下甚至国际友人的爱戴。冰心老人曾说：“周总理是中国人心目中的第一位完人。”

俗话说，“有理不在声高”，气场也不等于强势压人。斗狠、发怒使他人因惧怕而服之不是气场强大的表现。过于强势、霸气外露之人往往让人很压抑、很紧张，反而令人疏远之；反而温良宽厚、平易近人的人更能吸引人，让人很自然、很舒服，往往会成为众人中的焦点。

周总理温文尔雅，并不会损害哪怕一点的威信，反而让他得到更多人的爱戴，得到更多的尊重。温和待人，诚信处世，平易近人，把自己的诚意与善良之心展露于外，让他人能和自己自然平和地相处，以德服人，这是大智慧的体现。可见，气场之强弱与强势无关，更与蛮力无关。

我国著名的教育家陶行知先生深谙这个道理。在做小学校长时，有一次他发现一个男生用泥块砸其他同学，当即制止了他，并命他放学后到校长办公室去。

放学后，陶行知来到办公室，看到那个男生早已站在门口，面露胆怯之色。但陶行知并没有训斥他，而是掏出一块糖给了那个男生，说：“这是奖给你的，因为你按时来了，我却迟到了。”男生十分疑惑地接过糖果。紧接着陶行知又给了那个男生一块：“你砸人家时，我制止你，你立马就停下了，说明你很听话，而且尊重我，也值得奖励。”那个男生更加疑惑了。谁知陶行知又拿出了第三块糖，笑着说："我刚才调查过了，你砸那些人是事出有因的。他们欺负女生，你砸他们正说明了你有正义感，有勇气做斗争，值得鼓励。"

这时那个男生再也忍不住了，低下头说："校长，我错了。他们欺负人我应该制止，但不应该用泥块砸他们，这是不对的，你惩罚我吧。"

陶行知非但没有惩罚他，还笑着说："你认识到错误并勇于承认是个好孩子，我再奖励你一块糖。不过我的糖发完了，咱们的谈话就结束了，可以回家了。"说着他带着这个男生走出了校长室。

陶行知作为知名的教育家，其教育学生的方法的确令人佩服。有许多老师看到这样的学生一定是严厉地批评一番，这样当然能解决一时的问题，但肯定不能令学生服气，而且方式不当的话还会伤害学生的自尊心，给学生留下阴影。陶行知校长和颜悦色，但明察秋毫、赏罚分明，这完全胜过了严厉的批评，可从内心深处感化学生。

从小我们就听说过"北风和南风"的故事。它们比赛谁能让路人脱去外套，北风吹得凛冽，可它吹得越猛路人的衣服裹得越紧，完全没有效果；反而是南风，它把温暖吹在路人的身上，路人很快脱去了外套。简单的故事却蕴涵了很深刻的道理——温和的做法也许比严厉的做法更有效。

◎自信、流畅的表达也是一种气场◎

能够将自己的观点流利、自信地表达出来也是一种气场。

除了行动，展现自己气场的另一个方式便是语言。铿锵有力、掷地有声的发言就是一种强大气场的证明。说话没有底气就是没有信心，不能说服自己，当然不能说服别人。若想展现自己的魅力，必须学会自信、流畅地表达。

比如，你是一个公司的主管，有一项任务，可以指派甲或者乙完成，但两个人的语气与表达是不同的：甲说“我确定我能完成任务”，而乙说“我应该可以”。相比之下，相信应该选择谁去完成任务是十分明确的了。

要展现自己的气场，获得他人的信任，就必须展现出自信的一面。语言是十分重要的方式。说话的语气、用词能够直接反映出当时的心态。有的人说话铿锵有力、斩钉截铁，自然给人值得信赖之感；有的人说话支支吾吾、顾左右而言他，“大概”、“也许”之类的词充斥着他的言语，这就意味着他一点都不自信，难以获得他人的信赖。

小王在业界有“销售女皇”之称，她的一段面试经历值得我们思考。她去一家十分著名的办公自动化产品公司面试，对方的条件十分苛刻，要求她卖出几百万元一台的打印机。这几乎是世界上最贵的打印机，难度可想而知。

面试刚开始，面试官的态度便十分强硬，说话也很不客气：“你一个没有做过 IT，英语也不怎么好的人，怎么敢来我们公司面试，是不是徒有虚名?”

小王被这一番话刺激了，不卑不亢地说：“请您看一下我的简历，我曾经做过某跨国公司润滑油部的销售经理，当时国内根本没有人知道这家公司的润滑油，而我在两年内做到了几千万的销售额，那时我就知道世界上没有我不能卖的东西，除非是我不想卖的。”

但面试官并不以为意，认为卖润滑油的经验不值得一提。小王仍然没有动怒，仍旧不卑不亢地说：“如果把两台打印机放在一起我相信您一定能分辨出来，但把两杯润滑油放在一起，您能分辨出来吗？车主有好好的油，非要人家换一种来用，您觉得容易吗?”面试官摇了摇头。“不仅如此，我们的竞争对手是十分强大的，已经占据了很大的市场份额，我们想在同一个市场竞争，这样的难度恐怕您也是认同的吧。”面试官也点了点头，并很有兴趣地问：“那你到底是怎么做到的呢?”至此，小王成功扭转了面试官的态度，从刚开始的不屑一顾，到现在的认真聆听，小王用自己的表现赢得了信任。

可以说，在这样的转变中，小王的从业经历占了很重的分量，但更为重要的是小王用一系列精彩的反问和坚定的语气，让面试官丝毫没有反驳的余地。这种绝对的自信是小王成功的基石，小王用语言和行动展现出强大的气场。

自信不一定能成功，但不自信一定不能成功。在与人交往时，语言是展现自信的有力途径。铿锵有力、掷地有声的发言绝对是自信的表现。自信能发挥出强大的能量，人格魅力就在于此。

◎面带微笑也是一种气场◎

微笑是一种柔软得让人无法决绝的武器。

俗话说，“伸手不打笑脸人”，很多时候拉近距离、温暖人心、平息纷争的并不是什么强大的武器，而是人与人之间的真诚与善良之心，一个温暖的微笑对任何人都是有“杀伤力”的。

从前有一个非常富有的富翁，他虽然是那个镇上最富有的人，但他过得并不快乐。有一天，他无精打采地走在路上，迎面遇见了一个小女孩，小女孩望了望他，露出一个甜美的微笑。那是一个天使般的笑容，“我要是也能这样微笑该多好啊!”富翁想着。第二天，这个富翁作出了一个大胆的决定——把很大的一笔财富留给了这个小女孩，一个人上路去寻找属于他的快乐。当镇上的人问小女孩原因时，她仍露出了一个天使般的微笑：“我只是送给他了一个微笑。”

这是微笑的力量，也是积极心态的力量，超乎人的想象。一个天使般的微笑就让那个富翁找回快乐的心，再一次怀揣着梦想上路了。

提到世界上最昂贵的微笑，大家一定会想到达·芬奇的名画《蒙娜丽莎》，这幅传世之作百年来一直被人传颂，那一个微笑已成为永恒，可见微笑是最能打动人的了。微笑是世界的通用语言，即使你到了一个陌生的国家，一句当地的话也不会说，但只要微笑，你们就能够交流。微笑传递出的是善良与友好，彼此相见如果都能先用微笑交流，便能放下敌意，迅速拉近距离，和谐融洽的关系马上就能建立起来。

一个阴云密布的午后，大雨即将来临，路上行人都行色匆匆地找地方避雨。很多人挤进了一家店铺里，其中也包括一位步履蹒跚的老妇人。相比于他人，这位老妇人略显狼狈，店里的工作人员都怕这位老妇人麻烦自己，都不管她而各忙各的。老人似乎也觉得自己给人带来麻烦了，很是尴尬。

但其中有一位工作人员不同，他来到老妇人身边笑着说："夫人，看您的身上都湿了，我能为您做点什么呢?"

老人也回以同样的微笑，笑着说："不用了，我只是来躲躲雨，雨停了我就走。"老妇人觉得在人家这儿躲雨，人家又这样以礼相待，似乎有些不合乎情理，于是开始寻找合适的东西，哪怕买件小东西，她也能心安一些。

这位店员仿佛看透了老妇人的心思，走上前去微笑着说："夫人，您不必买什么东西，我给您拿一条毛巾，擦干头发免得着凉。您可以去员工休息室休息一会儿，待会儿雨停了我会过来叫您。"过了一会儿雨停了，老妇人表示了感谢，并要了一张年轻人的名片就走了。

谁知几个月后这家商店的总经理收到一个订单，指明要这位年轻的售货员去苏格兰收取订单。这是一个十分巨大的订单，委托人把自己家族以后的办公用品采购订单都给了这家商店。总经理简直欣喜若狂，这可是他们几年利润的总和。原来这份订单来自那位曾经躲雨的老妇人的儿子，这位老妇人便是美国的钢铁大王卡耐基的母亲。

商店的总经理毫不犹豫地把这位年轻人推荐给了董事会，当时只有22岁的他成为这家商店有史以来最年轻的合伙人。

这个年轻人叫菲力，在以后的几年中，菲力又成为卡耐基的得力助手，因为忠实和善良，其一直深得卡耐基的器重，事业蒸蒸日上，成为美国钢铁业中仅次于卡耐基的大人物，拥有富可敌国的财富。

如果菲力也和其他售货员一样对老人不闻不问甚至有所排斥，他就不能有以后的成就。而一个真诚的微笑和亲切的话语既温暖了老人，也成就了自己。这不是天上掉馅饼，而是人与人之间的真实故事，因为善良和诚恳，奇迹自然降临。

微笑是征服世界最有效的“武器”，这种武器不是强力，而是善良。当我们展露微笑，便能得到真诚。在这样每一次的交往中，人与人的距离就拉近一点，彼此之间温暖着，自己在这中间得到了幸福，周围的人也能感受到欢乐。

◎倾听是一种尊重，也是一种气场◎

能够倾听对方，表现的是自己的气度。

说与听永远是一对矛盾体，如果一个人说得很多，倾听得很少，虽然在那一时满足了自己的表现欲，但往往会给人留下爱抢风头、不尊重别人的坏印象。相反，有的人却说得不多，把更多发言的机会留给对方，也许自己的想法没有完全表达，但认真聆听往往会给人以亲切的好印象，得到更多的机会。

有这样一个故事，有一个年轻人觉得自己长大了，想要独自出门去打拼一片属于自己的天地。父亲并没有阻止他，只是在他临走前对他说了四个字——多听少说。父亲用一生的经验总结出的这四个字，字字真金，人生智慧皆含于此。多听，就是要以虚心的态度倾听他人的内心，感知他人的情绪，吸取他人成功的经验与失败的教训，这就是“听”，是一种学习。听的同时自然就会少说，说得少可以表现自己的谦和，还可以避免说错话，正所谓言多语失，这是为人处世的大智慧。

人际交往的大忌就是自顾自的说辞，完全不顾对方的感受，仿佛对方就应该听自己说一样。唱“独角戏”的结果就是慢慢地真的只有一个人了，因为没有人喜欢被漠视，他如果觉得没有得到尊重，慢慢地只会远离你。所以，请不要上演“独角戏”，否则你的人生将只有你自己。

沟通是一种双方的交流，而不是一个人的演出。让对方充分地表达，不但能了解对方的意思，更给人一种亲切、懂得尊重他人之感，会让自己的印象分大大提高。斯多葛学派有句名言：“我们之所以有两个耳朵一张嘴，就是为了让我们多听少说。”我们也有一句俗语，“多听是金，雄辩是银”。听是一个人高素质的表现，只有多听才能充分了解对方及周边环境的具体情况，知己知彼才能指导自己的行动。

乔治经朋友介绍，前去拜访公司的一位老客户，这个人曾经买过乔治公司的机器。乔治作为新的业务员要回访这些顾客，看看这几年过后他们还有没有新的要求。谁知这位客户知道乔治是这家公司的业务员后就大发雷霆：“你们公司还敢来找我？你们公司的服务太糟糕了！”

这位客户没有给乔治任何解释的机会，开始了对这家公司的控诉。他抱怨说，从乔治公司买的机器不好用，价格还高，出了问题售后不及时，又推来推去，完全不顾客户的感受……乔治想说话但根本插不上嘴，只能静静地倾听客户的控诉，并把客户所反映的问题记录在本子上。

过了几分钟，客户终于把积攒了几年的愤怒都发泄完了，歇了歇说：“小伙子，你不是当初卖给我机器的那个人，你这次来有什么新的机器吗？我们公司扩大了业务，也尝试着卖一些新的机器。”

当乔治离开时，他十分兴奋，因为他不止保住了一个客户，还多卖了两台机器，因为那个客户说：“小伙子，你很优秀，我这样地抱怨你，你却什么也没说，静静地听我说完，说明你很有诚意，尊重我，让我觉得很踏实，所以我决定和你合作。”就这样，乔治从一开始就没有打断客户的抱怨，不但聆听而且还把所有的问题做了记录。这样的态度让客户把怨气发泄了出来，他慢慢地冷静下来后，发现了眼前这个年轻人的诚意，才达成了这笔订单。这笔订单的达成，乔治的倾听在其中起到了很大的作用。

一个善于倾听的人是容易让人喜欢的。一个人可以能言善辩，展示自己的才华，但一个心甘情愿把表达的机会让予对方的人更能在心里拉近人与人的距离。倾听是一种尊重，是一种理解，同时表现的是自己的气度。海纳百川，有容乃大，他所产生的气场自然能包容得下周围的任何人、任何事。

◎特殊的环境也是一种道具◎

环境能够影响人的心情，我们要善于利用。

沟通是多种因素共同作用的结果，环境是这里面很重要的一个因素。

在美国电影《费城故事》中，环境这一要素被利用得淋漓尽致。这部电影是由著名影星汤姆·汉克斯主演的，他凭借这部电影问鼎奥斯卡影帝。在这部电影中，汤姆·汉克斯是一位极其出色的律师，所有人都喜欢他、依靠他。但不幸的是，汤姆·汉克斯在剧中罹患了艾滋病，周围的人对他的态度发生了180度的转变，不但不再亲近他，还要把他开除。之后，这部电影中经典的一幕出现了——在一个空旷的会议室里，五位老板端坐在那张特别长的T形桌子的一端，而汤姆·汉克斯只能远远地坐在另一边，中间足足有十几米的距离。在这一刻，不需要一句台词，环境就表现出了双方的距离感，与之前的亲近形成强烈的反差，让人不禁唏嘘不已。

还有一部电影也把环境因素对人心理的影响表现得淋漓尽致。王晶在《金钱帝国》中描述了香港警署的黑暗，讲述了后来廉政公署反贪除恶的故事。在电影里，廉政公署的审讯室极其恐怖——狭小的房间，阴冷的环境，突然打开的刺眼的台灯，车轮战式的审讯，这样的环境足以使嫌犯崩溃。

电影是艺术的加工，自然要利用环境的因素展现出特殊的情节。在现实生活中，环境因素也是十分重要的。做不同的事情，自然要选择合适的场景。比如，电影院或公园等浪漫的地方适合恋人们约会；酒店、会议室等正式安静的场所就适合开会或谈生意。如果两方互换就十分不合适了，也不会有好的结果。总而言之，环境会影响沟通的效果，干什么事就要营造相应的环境。

人与人沟通的时候，绝对不能忽视环境的因素，越是重要的沟通，越要慎重选择环境。一般说来，如果需要一个特别的沟通时，选择“远、狭、对”的环境往往会更有效果。

“远”，自然指的是距离。我们与人交流时，如果故意保持较远的距离，那么不必明说，对方也能感受到这种心理上的距离感。比如说，有位异性一直在追求你，你不喜欢他，却又害怕直接拒绝会伤害对方，就可以利用环境这个条件拉开两个人物理上的距离，尽量不接触，慢慢地对方就知道你的意思了。这样既没有伤害对方，也清楚地表达了自己的意思。

“狭”，也很好理解，就是上文王晶电影里面表现的那狭小的环境。在这样的环境里，很多人会觉得不舒服，感到压抑，迅速逃离这个环境是一种本能的反应。因此，我们可以利用这样的环境击溃对方的心理防线。

“对”，即面对。很多事情，如果不是面对面地交流是说不清楚的，当面对质就是这个意思。当双方面对面时，交流的不只是语言，一个眼神、一个动作都会反映出当时的心态。我们只要仔细观察，就一定能发现破绽，获取真实有用的信息。

这种沟通的技巧经常运用到一些特殊的职业中。

有一次，警察老王和同事在街上巡逻，看到一名男子推着一辆很新的摩托车。那名男子看到警察后，故作镇定，但还是面露慌张，形迹可疑，老王和同事便走了过去，一前一后堵住了这名男子。老王紧盯着那名男子的双眼，那名男子却不敢正视老王，老王问道：“这是你的车吗？怎么不骑？”男子说：“是我上月刚买的，坏了，只能推着。”老王说：“身份证拿出来看看。”男子更慌了：“没带。”“驾照呢？摩托也有驾照啊？”“也没带。”男子已经出汗了。老王紧接着问：“那是你的车，车钥匙拿出来。”男子看到已经败露，想弃车逃跑，没跑两步，就被老王和同事抓住了。原来车确实是他偷的。短短的时间内，他就露出了马脚。

老王作为一名警察，正是掌握了这种特殊的询问技巧，采取“狭”和“对”的攻势，便轻松突破了嫌疑人的心理防线，破获案件。

如果在沟通中我们需要占据上风，便要先声夺人，通过环境和气氛的营造影响对方的情绪，让对方的心理在自己的掌控之下，这就要选择“远、狭、对”的环境。选对环境，就是把握住“天时”和“地利”，再加上自身的技巧，沟通的效果自然会更好。

第 14 章 ╱ 奇思妙“问”

用一连串的问题说服对方

要想说服别人，我们不能只用一种方式，要多管齐下。有时候还得掌握火候，给对方来一剂猛药，才能让对方从心底里接受你，信服你甚至是臣服于你。这一剂猛药便是连珠炮似的发问，不过这种发问也要一定的原则和技巧。

◎善用“因为理论”◎

多用“因为”来解释你的情况，能提高说服的成功率。

在我们的日常交流中，“因为”是最常用的词汇之一，人们用它来作为解释某件事情的连接词，但并不是每个人都知道“因为”这个词还有其他的妙用。哈佛大学的心理学教授艾伦·兰格曾做过一个著名的实验，他以人们排队买票为背景，让两个人以不同的询问方式去说服排队者，以获得优先插队买票的权利。第一个人走过去对排队的人说：“对不起，我能先买吗?”排队的人鄙夷地看着他，没人让他插队。第二个人走过去则说：“对不起，能让我先买吗？因为我很赶时间。”结果有人就给他让了位置。

这就是著名的因为理论。这一理论凸显了“因为”的作用，正是因为使用了这个词，整个语句的效力改变了，使得一个本来让人非常反感的行为变得较易让人接受。排队买票的人本来心情就很焦躁，如果直接说让你先买，对方就会产生反感——别人好不容易排到前面为什么让你先买。

然而，用了“因为我很赶时间”之后，语句一下子变得柔和，降低了对方的反感情绪，使事情有了可以商量的余地。而且“因为”一词使得后面的话有论证充分的感觉，让人变得无法推辞和拒绝。

如果你还不相信，再看看以下三个场景，你一定会相信“因为”的妙用。

场景一：妈妈经常抱怨小红把玩具摆了一地。

小红：“妈妈，每一个我都想玩。”（错误）

小红：“妈妈，因为它们每一个我都喜欢。”（正确）

用“因为”起头的句子总是带有商量、请示以及致歉的意味，当对方听到你这样说时，不会无情地责骂或者反驳你。本例中，妈妈本来很生气地责怪小红，如果小红按照第一种方式跟妈妈说话，妈妈会认为小红没有意识到自己的错误，肯定会想再唠叨一阵；而第二种方式加上“因为”之后，效果就不一样了，听到这样的回答，妈妈会认为小孩很聪明，有自己的见解，就很难再生孩子的气。

场景二：老板询问下属这次的结果又没有达到预期目标。

下属：“王总，工程太大不好弄。”（错误）

下属：“王总，因为这次工程实在是太大了。”（正确）

场景三：妻子抱怨丈夫回来太晚。

丈夫："老婆，公司太忙了。"（错误）

丈夫："老婆，因为公司很忙，所以晚上我们一直在……"（正确）

第一种方式下，老婆会认为老公在敷衍自己，可能就会与老公争吵起来；第二种方式则比较真诚，从话语中可以看出老公希望得到老婆的谅解。

但"因为"也不能乱用，"因为"必须与自己的"请求"相联系。比如，"对不起，因为我很赶时间，能不能让我先买票"等，此时"因为"就是与自己的请求相联系。

实际上，在日常生活中，你可以尝试用"因为"来解决问题，久而久之，你会发现人们渐渐非常愿意听取你的意见，也会同意你的意见。在请求对方帮助或对自己的行为致歉时，你都可以用"因为"来说服对方。从心理学的角度来说，"因为"这个词直接与人的积极反应相对接，自然会提高你说服成功的概率。

◎别总是追问对方"为什么"◎

"为什么"问多了只会适得其反。

成功说服的起点是让对方喜欢你，而不是讨厌你。

在这个过程中"为什么"这个词的使用十分关键，不恰当使用很有可能无法有一个美好的开始。选择说“为什么”的时机，会十分有利于我们的说服。

一句话能成事，也能坏事，正所谓“病从口入，祸从口出”，说话时要十分注意词语的运用。

从前，有一个人宴请他的很多朋友，约定的时间早就过了，但是还有很多客人没有到。他的心里十分着急，说话有点急躁：“怎么该来的客人还不来？”说话的人本没有恶意，但听话的人有了想法：“该来的没来，我们是不该来的。”然后招呼也没打就走了。主人一看怎么还走了，更加着急了：“不该走的怎么还走了？”这下又走了很多。只剩下几个和主人很要好的朋友，他们诚心地劝他说：“你说的话有问题，怎么能这么说呢？让人误会呀。”主人慌忙解释道：“我没让他们走啊。”这几个人听了更生气了：“那就是让我们走了？”说完，就都走光了。

这个例子很经典，一句一句地把所有人都得罪了。不要以为这样的人是少数，也不要以为自己不会犯这样的错误，不能对自己盲目乐观，因为每个人都有可能在不经意间说错了话。

“为什么”说多了会让人觉得你是在责备他，会加重对方的愧疚和逆反心理，事情会朝着和你预想的相反的方向发展。切记，“为什么”绝对不能随便说。

一件坏事的发生一定不是平白无故的，一句错误的话很可能就是这件事的源头，有危害的词或话语就成为矛盾的中心。“为什么”绝对是一个这样的有危害的词语，也许你还没有意识到，但危害已经造成。可以细细品味下面的对话：

为什么你一直是一个人——会觉得你是在嘲笑他没有朋友，他怎么可能和你继续交谈？

跟我们一起走吧，你总是一个人回家多无聊啊，还可以和我们聊聊天——给人很温暖的感觉，让人愿意和你亲近。

为什么你总是失败，成功不了呢？——这是质问和责备，会打击对方的信心。

这么多事过去了，我们总结一下原因吧——共同在想办法，没有自卑的感觉。

◎提问的好处多◎

好的提问，能让你在无形中走进对方的内心。

提问是说服过程中十分重要的一个方面，如果没有这把钥匙，你就无法进入对方的内心世界，无法接触到对方真实的想法。

现在电视上有很多语言类、谈话类的节目，有的节目令人百看不厌，有的看到后马上就会换台。这种差异主要就在于好的节目有好的提问，互动很好，抓住了观众的兴趣点。

提问在平常生活中也有很重要的作用，可归结为八个主要方面：

第一，掌握主动权。

你的提问能引起对方的注意，在解答你的提问的同时，对方的思想也会按照你的思路发展，如果能保证进行一次愉快的谈话，那么在这次谈话中你一定占据了主动。

第二，赢得思考的时间。

有提问，自然会有回答，但是对方在回答之前一定会考虑该如何回答你的问题。在这种交流的过程中，你会有充分的时间为下面的谈话做准备。所有的空隙都可以为你所用，利用这个机会加上自己的引导，对方会更容易被说服。

第三，有机会倾听。

我们已经知道倾听对方的谈话是很重要的。提出问题，自然会有回答，集中精神倾听对方表达中的含义，有助于我们进一步交流。

第四，引导对方。

引导性的提问更容易让对方想你所想，顺着你的思路而肯定你的答案。“肯德基一点都不好吃，你觉得呢?”“白色一定比黄色好卖，你也喜欢白色吧?”这种经典的引导式提问，会让对方在不知不觉间跟着你的意识走，从众意识会让对方肯定你的意见。

第五，减少不确定性。

结果的得出一定要经过讨论，讨论就需要有好的问题。打开天窗说亮话是最有效的方式，藏着掖着似的说话只能让不确定性增加，减弱彼此的信任感。

第六，肯定对方。

问答的过程也是彼此了解的过程，感情不是平白产生的，不断有效的沟通是增进感情的基础，可以消除不必要的猜测。对方在回答问题时如果说出了你想要的答案，你会及时肯定对方的想法，双方的距离将进一步拉近。

第七，理清思路。

当直接说明问题十分不便时，委婉的表达就会很有效了，这样能获得一举两得的效果，避免尴尬，还能听出对方的虚实。

第八，目的真诚。

提问的方式会让对方觉得你的目的很真诚，试举两例：

“给我一个皮包。”

“请问能给我一个皮包吗?”

“打扰一下。”

“请问能打扰您几分钟吗?”

是卡耐基曾组织大量专家学者经过长时间的跟踪实验和理论研究得出一个理论——魔鬼公式，这是既符合心理学又能引导人们行动的法则：第一步，要生动地传达你的想法，就必须注重实例和细节；第二步，语言要清晰、翔实，重点要突出，明确对方要做什么；第三步，确认是否带来了益处。

这是被所有的口才教材承认的法则，当然这只是理论，还需要在实践中得以运用，相信每个人都有属于自己的“魔鬼公式”。

◎掌握提问的技巧，你将步步为“赢”◎

提问也要遵循一定的原则和技巧。

提问是有技巧的，掌握以下九个技巧，你就能保证自己在一定框架下运行，不会出现太大的错误。

1. 提问准备

对未知信息的提问，是建立在已知信息基础之上的。很多事情我们之前都没有接触过，不知道该怎么去问对方，因此我们需要认真准备一些材料，以帮助我们了解对方，了解我们需要从对方口中获知的答案。在做好充分准备的前提下，我们才能问出关键的问题，最终了解事实的真相。

因此，在提问之前，必要的准备是非常重要的，比如目前提问的背景是什么，想问什么等等。只有事前在心里多问自己几个问题，才能更清楚自己要问对方哪些问题。其次，你还要学会掌握提问的分寸，弄清楚对方是否能够听懂你问题。因为每个人的语言理解能力不一样，并不是每个人都能掌握你的问题中的关键信息点，而且并不是每个人都会专心听你的提问。另外，逻辑思维的差异也会导致对方不能理解你的问题，这些都会导致对方对你的问题产生误会，最终你可能会得不到想要的答案。

2. 明晰前提

这里所谓的“前提”就是你需要让对方明白的，你的问题没有任何不好的或存在让对方敏感的话题或词句。例如，你需要提问客户的项目预算，一般客户不会愿意告诉你，这时你就可以加上一个前提：“为了向您推荐一个最合适您的方案，我想知道这个项目的投资水平大概在怎样的范围内呢?”这样，通过设定一个前提，你可以有效地提醒客户，告诉你项目预算是有必要的，这就提高了客户正面回答你问题的可能性。

3. 反问

如果对方向你提问而你又不知道该如何回答，你可以选择两种方式：一是实事求是，直接告诉对方你不知该如何回答或者自己怎么想就怎么回答；另一种方式就是反问，通过反对对方，让对方说出他是怎样看待这个问题的。其实有可能对方就是希望由他来告诉你答案，你正好投其所好了。

4. 沉默

交谈中出现沉默是非常尴尬的，但是当对方需要思索答案时，适当的沉默也是非常有必要的。例如，对方在犹豫不决、不知道是否应该接受你的观点时，不妨给他一个简短的思考时间，你的沉默会让他感受到你的尊重。

5. 一次只问一个问题

同一时间问很多问题会导致对方记不清问题、思维受阻，还极有可能引起对方的反感。而且即使你问得再多，对方只记住了一个也只回答了一个，然后你又不方便重复提出问题，其他的问题你就不能得到答案了。这就犯了提问的大忌。所以，最好的方式就是一次只提一个问题。在问了一个问题之后，根据对方上一个问题的答案，再引导性提问。

6. 诱导性提问

诱导性提问，是指你在提问时巧妙地将答案放在对方心里，对方只用简单地回答“是”就可以了。例如：

“这个广告拍得挺好的，不是吗?”——“嗯，是啊，当然!”

“买眼镜最重要的是镜片，你说对吗?”——“那当然了!”

这些问题的答案你差不多已经确定了，只用引导对方回答“是”就行了。

7. 二选一的问题

二选一的问题就是为了达到某一目的，给出对方两个选择方案，其实这两个选择方案你都是可以接受的，只是你希望对方能够缩小范围，排除其他不好的方案。例如：

“我们骑车还是打车?”（改变对方提出的步行的方案）

“给他送鲜花还是水果?”（只是将选项缩小到这两个上来）

8. 开放式问题

开放式问题的最大益处就是能够让你充分了解顾客的需求，如用“为什么”、“怎么样”等词汇引导的问题。

通常在回答完对方的疑问之后，可以通过问对方一个开放式问题掌握谈话的主动权，引导对方的思维。如，顾客问：“你们的产品打几折？”你回答：“我们的价格都是明码实价，非常合理。并且，折扣并不能衡量购买该产品是否真正划算，对吗？”

9. 提问时倾注感情

提问时需要适当倾注感情。而且，倾注感情并不一定是浅显的微笑和拉拢，我们可以把感情更加巧妙地糅合在话语中，让对方能够隐约感知事情将如何发展。

例如：“你知道穿着这身衣服上街，会让人多么羡慕吗？”

我们日常生活中还有一些词汇很好，当你用它们说话时，对方几乎不会生气或者不同意。

“你相信……？”

例：“你相信世界上有鬼神吗？”

“你是否认为……？”

例：“你是否认为我们必须走捷径才能成功？”

“想一想，……”

例：“想一想，不努力怎么会成功呢？”

“所以，你是不是首先要……”

例：“所以，你是不是首先要抓紧时间学习了？”

“很好，如果……，你是否愿意……”

例：“很好，如果现在有个办法能够让你成功，你是否愿意实践一下？”

如果你利用这些句式，相信很多人都会理解你，从而产生很好的效果，这些略带商量的词句被视为说服中的“金钥匙”。

那么在说服中是否存在不能说的词语呢？当然有，如“为什么”一词。除此之外，有些话同样会让人易于反击，使你不能再回话。

“需要我给您做点什么吗?”——“不需要!”

“您想要试驾一下吗?”——“不用了!”

“大哥，这瓶酒您打算带回去吗?”——“没打算!”

心理学认为，当对方向你提问时，大多数人一般会先回答问题，回答完之后，其实就忘记了这个事件，并且很难记起。这样，你就很难继续下去，从而丧失了话语权。所以，一般不要采用容易被人一口回绝的问题。

第 15 章 ╱ 锲而不舍

让他除了说“是”别无选择

在说服别人的过程中，最令人尴尬或是不满意的地方是什么？一定是对方的摇头或是“不”。但这种情况是难免的，所以我们要做的就是让对方在我们的引导下不断地点头，不断地说“是”。

◎面对“不”的时候，别轻易放弃◎

有时候，说“不”并不代表着反对，只要你再坚持一下，就能看到希望。

绝大多数人在听到陌生人说话时都会条件反射地说“不”，但说完之后 90%的人都会后悔。所以，当你听到对方否定的声音后，不要气馁。这时，只要你坚持一下，或者寻找更好的方法，就有极大的可能性会得到对方肯定的答复。

说“不”是人们的一种及时反应，人们自身也不知为什么要说“不”。“不”实质上没有特别的含义。

科学数据表明，人的行为有时候是不受大脑控制的。举一个我们常见的例子，当你吃一个美味的梨时，你会非常开心，但是一旦你发现梨中有一个小虫，从此之后，每当你吃梨的时候都会想起这段不愉快的经历。同样的道理，一次失败的经历带给你的负面影响是巨大的，以至于你会忘记前几分钟的美妙滋味。最通俗易懂的说法就是“一朝被蛇咬，十年怕井绳”。同理，人与人之间的关系和状态也需要维护，有好的时候，也有不好的时候，不好的感受往往更让人记忆深刻。因此，我们要积极学习如何去维护这种关系。这就需要我们知道对方如何做决定，知道为什么他们会说“不”。因此，停留在人们记忆中的往往是比较极端的感受，负面的影响对人们的影响更大。人们更关注于事情的结局，对未来的也没有明确的认识。

这就为我们说服对方提供了一个很好的途径，因为人们常常记忆深刻的是不愉快的经历，那么我们就要利用这一点。比如，在追求女孩子时，适当地提及追求女孩子失败的感情经历，同时保证不会在这些方面出现问题，那么成功的概率就是这样发挥作用的。

人们对未来的世界往往没有清晰的认识，在这时我们有必要唤醒他人生中美好的经历，为他的未来指明一条道路，使其对未来的认识清晰化，知道自己想要什么、不想要什么。

在生活中，这样的画面常常映入我们脑海：“你说过这个，你还记得吗?”“我没有说过啊。”“你怎么能说这个呢?”“我真的没有说过。”

到底说没有说过，由于记忆的问题，我们不可能得到真正的答案，但其中肯定有一个人是对的，有一个人是错的，从这里我们可以看出大脑会将一些坏的事情给抹去。当某些人沉迷于酒色、赌博时，是欲望在支配他们而不是理智。这些坏的东西，大脑可能会不自觉地将其删除。

这时，如果我们简单地告诉他这些事情是不好的，那么他也许根本不知道你在说什么，因为在他的记忆中这些是不存在的。这时，我们可以试着换一种方法，那就是和他说几个简单的故事。科学家通过试验证明了上述的论断。科学家把接受肠镜检查的人们分为两组：一组在肠胃检查完毕后将肠镜立即拿出；而另一组是在检查完毕后，让肠镜在肠胃里停留一分钟。

检查结果出来了，根据定时的难受程度报告结果显示，两组参与者对于肠镜检查的回忆，镜子在体内待的时间长的那一组，觉得肠镜检查没有特别难受，而另一组觉得很难受。其实这是因为这一组已经习惯了难受的感觉，并不是肠镜检查不难受。

这个实验说明，人很容易适应自己所处的环境，一旦适应了所处的环境，他对周围的感知力将变弱。也就如实验所示，习惯了也就不难受了。当人们的记忆中没有"肠镜难受"的记忆时，你与他们说"接受肠镜检查是难受的"这一观点时，他们一定会说"不"。

将这一原理推至说服那些沉迷于酒色、赌博的人，我们会发现，沉迷于酒色、赌博的人被欲望驱使，他们只记得满足了自己的欲望，却对酒色、赌博的坏处毫无记忆。这时，如果你要说服他们放弃酒色、赌博，那么你需要将那部分被他们忘记的记忆唤醒。比如，告诉你沉溺于股市的朋友：他觉得他可能一直经营良好，而实际上，这只是他身处股市的一种"习惯性思维"而已，其实他一直在赔钱。那么，这时他便会突然恍然大悟了。

◎让对方说“是”是成功的开始◎

好的开始是成功的一半。如果你能让对方连续说“是”，说明这件事就有了99.9%的把握了。

设法让对方说“是”是成功的开始。因此，你的谈话策略中重要的一点是设法让对方说“是”。如果他开始说“是”，你就成功了一半；如果一直重复说“是”，那么成功的概率就上升了99.9%。我们常常犯的错误是，自顾自地说，却没有注意到听者的想法。在交流中，对方的想法是很重要的，如果对方一开始就没有认同你的说法，那么你之后的说服工作可能就是徒劳。对方接连地说“不”字，那么就是表示不想再将对话继续下去。因此，在展开说服工作时，注意对方的感受，用策略让对方说“是”。一次成功的说服是得到对方肯定性的回答。日本著名的心理学家曾经说过：说服别人要让对方首先说“是”，在设计说服策略时，要将那些对方不得不说“是”的问题先提出，让对方的警备心理放松，说服成功的可能性就大大增加了。

因此，一开始就让对方说“是”，是说服成功的关键。一开始就让对方说“是”，然后继续使这种肯定的结论延续下去，这样可以有效地达到目标。在与别人交谈中，如果一开始就能找到共同的话题，这样的谈话会有好的结局。但是，如果找不到对方感兴趣的话题，那么我们如何将谈话成功地进行下去呢？

经过多次的实验和探究，我们发现，在不同中慢慢地寻找相同的爱好是解决这一问题的最佳途径。首先，我们要肯定对方的“不”，然后慢慢地将话题转向对方和你都赞同的部分，在有不同观点的部分找出双方都比较赞同的观点。这样做的目的是减少你们之间观点的不和。双方慢慢地达成一致，这样你的说服才能成功。因此，不要急于否定对方的观点。

在说服过程中，掌握好对方的情绪也非常重要。在说服的过程中可有很多理由让对方说“不”，但对方也有自己的看法，如果发生冲突，又没有控制好情绪，往往会造成两败俱伤的后果，更不要说成功地说服对方了。

因此，在说服之前，我们需要一个缓解这种不良情绪的机制——缓冲机制。对于那些可能产生冲突的话题要刻意避免，还要控制自己的情绪，也使对方的情绪得以缓和，降低发生冲突的可能性。

举个我们常常遇到的例子。当领导问为什么经常上班迟到时，这时就有了情绪冲突的潜在危险，如果你直接回答领导：“我每天都起很早，您不能体谅一下下属吗？因为堵车之类的原因。”那么，结果就是自己受到领导更严厉的批评，还可能发生争吵。最好的解决方法就是先向领导承认错误，然后说明自己的境况，让领导觉得你非常重视领导交代的各项任务，在很努力地工作，这时再向领导解释为什么迟到就水到渠成了。

◎让对方不断地点头说“是”◎

如果要使你的意见被别人同意，就要设法让对方不断点头称“是”。

在激烈的竞争中取胜的一个方法就是要注意在工作中运用的方法。运用“是”字战略，可以改变一个人的心态和情绪，将事情变得没有想象中那么困难。根据心理学家的分析，当人们说“不”后，会不自觉地坚持下去，即使发觉到自己有可能错了，但是基于自尊等方面的考虑，也不会改变自己的观点。其实，这是一个符合常理又非常简单的道理，但在现实生活中常常被我们忽视。一开始就提出让对方接受不了的提议，那么如果坚持下去，想达到目标的难度就加大了。而在现实生活中，有少数聪明人注意到了这个问题，他们会投其所好，不断引导对方说“是”，从而获得成功。我们来看一个例子：

一个推销员成功运用“是”字策略将发动机推销给一家公司。可是，在之后拜访这家公司时，这家公司的工程师却说出了这样一个事实：“我们不能再买你的发动机了。”这时推销员很惊讶，忙问：“为什么?”

“因为你们的发动机太热了。”

推销员想，这时要运用“是”字原则，与工程师争论成功的可能性就会很低。于是推销员就这样回答："是的，我们的发动机真的太热，不适合多买了。那您这儿有符合标准的发动机吗?"

工程师回答："是。"

"我知道发动机的温度可以高出室温 72 度，是吗?"

但是还是太热了。"

"工厂里的温度是……"

"大约 75 度。"

这时，推销员做了这样的演算："工厂的温度加上发动机的温度达到了 147 度左右，这么高的温度肯定会发生烫伤事件。"

工程师回答："是的。"

推销员说："那是不是最好不要将发动机放在手上?"

"是这样的。"

最终，工程师与他又签订了发动机的生意。

整个过程推销员巧妙地运用了"是"字原理，成功地保住了生意。人们对事物的认知是有限的，所以当我们给予更多的启示性问题时，这样的交流会比普通的交流更为有效，因为这种方式的发问实际上为他的认知带来了一种方向。

要从最容易接受的问题着手，家庭生活也是如此。我们常常听闻双方因为性格不合而要求离婚。有一对夫妇，男的希望女方能够多为他着想，但妻子却常常坚持自己的看法，两人为此经常吵架。因此，男方想离婚，但是妻子却不肯。他们找来了单位的领导帮忙分析情况。

领导问："你们离婚的原因是性格不合吗？"男："是。"领导：

“我相信世界上没有两个人的性格是完全一样的，就如同世界上没有两片树叶是相同的。对吗？”男：“对的。”领导：“那么你所追求的性格完全相符的婚姻是不可能存在的。”男：“是。”领导：“那么，夫妻之间就是一种相互包容、适应性格的过程，而不是斗争和试图改变对方性格的过程。”男方又点了点头。此后，双方的婚姻比以前融洽了很多，离婚的事情也就没有再提了。

这个例子告诉我们，虽然感情的事情是双方的，旁人很难决断，但是只要我们了解到一些问题的关键，找出一些不得不说“是”的突破点，那么就有可能找到解决感情问题的关键。

用问题引导对方思考的“是”字战术，早在古希腊就被智者苏格拉底巧妙地运用。他总是提一些对方同意的问题，然后渐渐地使对方转到自己的方向上来。这也是他总能成功说服别人的一种有效策略。

现在很多知名的谈判家、销售者、推销者都会运用“是”字战略，然后用这些问题引导对方思考。

在英国，一期节目邀请来一个保险公司的业务冠军，他被要求在五分钟之内将一个烟灰缸卖给一位不吸烟的观众。销售员运用“是”字战略，问他单位有没有人吸烟，单位的烟灰缸够用与否，烟灰缸少的坏处等不得不说“是”的问题。这位观众被成功地说服并买下了烟灰缸。这个例子说明，问题可以引导对方的思考，而且提这些问题目的是为了让对方说“是”，也就是达成一种认知上的认同。

◎用赞美的方式拖住对方，直到对方说“是”◎

不论对方说了什么，你只要赞美他，他嘴里的“是”就会不自觉地蹦出来。

女性购物过程其实也是一种购买者与销售者之间说服与被说服的过程。生活中，常常会有一些职员业务好，而有一些职员的业务水平总是很差。在这场“战争”中，那些懂得“反赞美法”的销售者往往会占据上风。什么是“反赞美法”呢？就是不论对方所说的是否符合你说的理想方向，你都要给予赞美，目的是让顾客多待一会儿，并且愿意听你说话，这时你才有机会让他说“是”。

在购物中，女性会挑来挑去，对于销售员来说，购物者口中总是有很多不满，很少说“是”。对于女性而言，过程并不重要，如果她不满意，那么她会毫不犹豫地退货，结果对她们而言更为重要。说“不”是女性购物中的一种潜意识，即使很喜欢她也会挑出各种各样的毛病。在潜意识中，她总是觉得下一件是最好的。可以说，购物中和购物后否定是一种习惯的语言。在认识了这种心理后，我们应对的办法可以如下：

一是不被这种潜意识所控制。在购买者提出衣服的各种瑕疵时，销售者不应该失去耐心，因为这是顾客的一种潜意识，让顾客一开始就赞美衣服是不现实的。销售者此时应做的事情就是保持耐心。

二是在控制自己情绪的基础上运用反赞美法。先肯定她提出的问题，让顾客感到被认同，给她心理上的满足。

举个例子，顾客说："这件衣服的款式不适合我。"这时如果你认为对方不想买这件衣服，索性不再理会，这样顾客会以为你是在暗示她这件衣服的确不适合她穿，所以就会离开。

还有一个例子，顾客说："这件衣服样式不太适合我这个年龄段的人穿。"你说："这件衣服就是为您这个年龄段的人群设计的。"这时，对方受到了肯定，虽然立即买下衣服的可能性不是很大，但是也不会马上离开。然后你就有机会接着说："您这个年龄段就应该穿这样款式新颖的衣服，如果现在不穿以后就没有机会穿了，先试一试，这种样式适合您的。"这样，结果便是好的。

这是一条实用的法则，这一法则并不局限于销售，在聊天和交际的场合也同样适用，把"你让他做"变成"他自己想做"。

林肯说过："为人民而创造政治。"他是一位成功的说服家，他的秘诀就是在说服开始时找到一个相同点。在解放奴隶的演讲中，他就采用了这一策略，首先肯定了反对者的一些观点，然后循序渐进地把对方引入自己的观点中去。

从心理学上来看，在别人感受自己的意见时，自己才会发现自己意见的不完善，慢慢地会依赖对方。在主观上，我们都相信自己的想法，而实际上已经被带入了另一种观点，从而得出了不同的结果。林肯在演讲前，先找自己和对方的相同点，巧妙地使对方放下了敌对心理，这样彼此之间的冲突就慢慢变小。如果一开始就强调对立的立场，那么反而会使彼此之间的矛盾越来越深。一旦对方产生敌对心理，说服他的可能性就大大降低了。实际上每个人都愿意保持自己的立场，说服别人时，就应该让对方感到自己将要做的事情是对自己有好处的，这样才能使对方按照说服人的意愿作出决定。

我们举个例子来看，如果一个人去保险公司，程序上要填写很多的表格，但是我们常常不想填这些麻烦的表格，如果投保公司告诉投保人必须填写，那么很多投保人可能就走掉了，即使他开始是有投保兴趣的。这时，如果是资深的经理的话，那么他就会和投保人交流。举个例子，经理可以夸赞投保人有投保的意识和理财的观念，也可以询问他为什么想到来保险公司参加理财分红计划。了解了基本情况也拉近了彼此距离之后，经理就可以说，有些材料不见得是要填写的，这样投保人就会很乐意填表了。一旦他们情绪好转，经理就可以继续深入询问他钱财的归属需要写明。这时投保人会想到自己的利益，也不会觉得麻烦，很乐意地就将所有的材料全部写明了。其实，填写各种材料在我们日常生活中很常见，但我们对材料的填写都抱有抵触的心理。如果只是简简单单地告诉投保人要完成资料的填写，否则就不能办理业务，那么投保人会觉得很没有把握。但是，如果转变一下，告知其实这些表格都是为了保障投保人的利益，那么整件事情也就发生了变化。这就是巧妙地将自己的诉求转变为他人诉求的好方法。

拿小孩吃饭作为例子，小孩不想吃饭，那么你靠骂的效果是不理想的。但是如果能找到小孩所希望的事情，将吃饭与小孩渴望的事件联系起来，那么小孩就会很乐意将饭吃完。这就是利用他的动机来完成最终的目标。

第16章 ╱ 以柔克刚

用柔术克制对方的强硬

面对咄咄逼人、作风强硬之人，我们最好不要硬碰硬，那样做的后果也许是以卵击石或是两败俱伤。不如换个策略，用柔术克制对方，诱使对方主动进入我们预设好的“套子”中。

◎沉默是金◎

沉默是最好的以柔克刚之术。

“此时无声胜有声”，在与人交谈中，恰到好处的沉默有时比激扬的雄辩更能制胜。所谓“雄辩是银，沉默是金”，沉默与讲话同样是一种沟通的语言艺术，在多数时候保持沉默，能够更加冷静地去倾听、去思考。在没有说话时机时，保持沉默或许是最好的选择。

沉默是一种以柔克刚之术，“言多必失”是必然规律，除非你事前精心准备了长篇大论，否则多余的赘述只会给自己埋下祸根。因为在一般情况下，一个大脑同时思考与表达肯定没有同等条件下只思考的大脑转速高。而且在生活中，我们的谈判对手的智商基本上不会相差甚远，因此沉默能更好地给大脑腾出时间和空间去吸收信息、处理信息。

有位教授被邀请去一个大学做一次演讲，原定的演讲时间已经到了，下面的人却没有停下唧唧喳喳的讨论声，甚至不去理会管理人员的制止。这位有丰富授课经验的教授却一言不发，反而暗示管理人员安静下来，他就静静地一本正经地站在讲台上看着下面的人说话。结果不到一分钟，全部人员都停止了说话，大家看着台上的这位教授，都在等待他开口说话，接下来教授就很顺利地开始了自己精彩的演讲。

在许多交际场合甚至是谈判场合，沉默会让你很轻易地知道对方的想法，你可以谋划自己的策略，从而获得成功。时机不成熟就急躁冒进那是不成熟的表现，大智若愚的人在时机不成熟时大都表现得非常低调、沉默，然后再选择时机出击。

那么，在什么样的场合和环境下，我们应该适当地保持沉默呢？

1. 情况不明时保持沉默

"病由心生，祸从口出"，在不了解情况时，最好不要乱说话，否则会引起别人的反感。

同事们为自己部门升职的领导设宴道喜，大家都知道这位领导虽然事业上非常如意，但是儿子的病逝也让其忧愁不已，所以也想借此来让领导放松一下、开心一下。没想到一向喜欢积极发言的小马却端着酒杯说："张科长，愿您仕途顺利，前途无量。也祝您孩子早日康复，家庭幸福。”这句话一出，扫了宴会的兴，全桌子人都低下了脑袋。

许多情况下，谈别人家庭不太好，毕竟这是人家的隐私，除非你知道人家不忌讳这个。一般情况下，最好谈一些个人爱好、历史知识、风土人情或是工作上的事情。否则的话，就很容易犯错误。

2. 难以决定时保持沉默

沉默在多数情况下意味着不置可否，也就是不表态。如果这个决定你觉得没有权力去做，或者发现有不正常的地方，那你最好不要做，而应保持沉默。

3. 三思而后说

一个有水平的人，很少说废话、胡话，每句话都是其自我思考的结果。既要言之有意，也要言之恰当，最好要做到“虚实结合”，看清场合，会掏心窝子。

小王和小张是闺蜜，两个人都把对方视为知己，无话不谈。但是在一次同学聚会上，小王和大家讲起了小张的秘密，其实他本不是想揭发隐私去伤害小张，让小张难堪，却在客观上影响了小张的情绪，因为这个事情小张不想让别人知道，最后小张和小王闹起来，让别人看了笑话。

说话之前拿几秒钟来思考别人为什么这样说、我该怎么说、我这样说合适吗？问自己这三个问题，那你就会给别人留下一个会说话的好印象。当然这样的习惯需要去培养：

(1) 增加自己的阅历，储存多种交流场景，提高自己的分析判断能力。

(2) 交流前把对方的近况了解清楚，这样才可以做到有备无患。

（3）开口说话之前，转动大脑想想别人说了什么、为什么那样说、你该说什么。

（4）切忌冲动，冲动是魔鬼，脾气暴躁的人最容易说错话。克制自己的冲动，不要脑袋一热，嘴巴就跑火车。

很多时候，当人与人之间的交谈进入主题时，就容易沿着惯性思维一路走下去，从而忘了“言出如箭，不可乱发；一人入耳，有力难拔”的古训。要谨记，在交谈中，如果不懂得适时沉默，再好的言语也难打动人心。

◎给出你想要的答案，然后让对方选择◎

要让对方无论怎么选都是对你有利的。

在有些情况下，你会发现不论自己怎么选择，都是在别人预先设定的答案里作出选择，这时你才发现自己已经陷入别人设下的圈套。为什么会这样呢？原因就是对方给出的选择貌似有很多个，但事实上却只有一个，你根本就没得可选。

这种多选一的说服法常常会把对方置于自己的掌握之中，它一般是采取先假定，再选择的方式。在现实生活中，我们经常碰到二选一的情形：

餐厅里的服务员："先生您好，您想要什么口味的冷饮，草莓的还是水蜜桃的？"

"那草莓的好了！"

服装店服务员边打量您，边微笑着说："您的气质比较适合蓝色和绿色，您可以先试穿一下看看。"

"那穿下这个蓝色的吧！"

丈夫不满爱逛街的妻子："亲爱的，我们是在家里大扫除还是做顿周末大餐？"

"还是在家做点吃的吧，外面的真的很难吃！"

向女孩求爱的小伙问："你什么时候有时间？那电影周末和周二都放映。"

"周二好了，周末我要去参加一个聚会。"

卖牛肉面的师傅问："您加一个鸡蛋还是两个鸡蛋？"

"哦，一个就行了。"

上面这些场景都是我们在实际生活中经常会遇到的，其策略就是不直接问要不要的问题，而是问选择哪一个的问题。请看下面的场景，是另一种选择的策略：

老师在课堂上教育学生："你们是选择光明的未来，还是毫无意义的一生？"

妻子对专心于赌博的丈夫说："你希望我们过幸福健康的生活，还是整日沉浸在赌博的风气当中？"

女孩对男孩说："你希望每周末陪我去看电影，还是看那小子总找事打架?"

售货员小姐："您觉得一件贵20块钱却能穿三倍时间的衣服值，还是穿一个月会坏的衣服值?"

促销员小姐："您只要这个，还是加一元钱拿走大礼包?"

这种策略能够聚集更大的能量，因为它将所有的点都聚集到一个点上，而且这种选择法具有警示和震撼作用，它将复杂的问题简单化，尤其是对于那些茫然无助的人来说，这种方式能使人猛然警醒，作用还立竿见影。

卓别林是美国著名的电影艺术大师，也是全世界人们津津乐道的喜剧人物。他在电影《大独裁者》中作为主人公讲述了一段代表民主观念和进步思想的话语：

"遗憾得很，我并不想当皇帝，那不是我熟悉的行业。我没有征服的欲望，亦没有统治的癖好。如果你们许可，我倒想做点好事，帮助别人是我的宗旨，不论是犹太人还是基督徒，是黑种人还是白种人。"

我们可以看到，卓别林这番话就运用了黑白对立的"二选一"语言策略。话语充满真挚感情，感人肺腑，是一场思想性和艺术性都达到高度和谐统一的演讲。

在语言技巧上，卓别林还充分运用了语言攻心术，采用釜底抽薪之法，对法西斯进行了强有力的攻击，将法西斯主义驳斥得体无完肤。他在另一处讲道：

"我们都要互相帮助，这是做人的准则。我们要把幸福建筑在别人的幸福上，而不是在别人的痛苦上建立我们的乐园。我们不要互相仇恨、互相鄙视。这世界上有足够的地方让人生活，大地是富饶的，是能够让每个人都丰衣足食的。”

这种选择策略的魅力就是能够将复杂的问题简单化，而且直接给人指明方向，催人奋进。

当然，这种选择的方法策略也不是想用就用的，必须讲究步骤和时机，这里最重要的就是先让别人产生兴趣，之后再让他去作出选择，不然的话会直接被人否认和拒绝的。

◎以子之矛，攻子之盾◎

再坚固的盾，也会有软弱之处，只要我们找到那个点，就能将之击破。

汽车大王亨利·福特曾说：“从我和他人的很多经验中可以看出，那个所谓的成功策略就是：从他人的角度去考虑问题，用‘推己及人’的思维去看待各种事物。”通用电气公司经理欧文·扬也说过：“那些拥有光明前程之人，恰恰是那种有易地而处的思维，能够探究和关注他人心理的人。”

然而换位思考并不是我们最终的目的，我们所要达到的就是实现自己的目标，如果没有个人的目标我们又何必去换位思考？这就是我们最终的目的，前面那些都是实现这个目的的策略。这种策略就是逐渐消蚀掉对方的防御盾牌，攻破对方的心理防线，从而实现自己的目标。

明朝文豪冯梦龙在他的一篇小说中叙述了这样一则故事：

有一位先生，本是大户子弟，满腹经纶却屡试不中，遭到了全族人的嘲笑。先生十分愤懑，本来踌躇满志却因科举不中而无处施展才华，自比为千里马却无贤主伯乐。

但讽刺的是，他虽然如此不顺，其父却是当朝大学士，才华名闻朝野。更夸张的是，先生的儿子第一次殿试及即高中状元，更让其无言以对，在家中更加抬不起头来。

有一次，其父又在很多人面前奚落他，令他无地自容，他忍无可忍，终于爆发了，对着他父亲说："你父亲只不过是普通百姓，我的父亲是当朝大学士；你的儿子屡试不中，我的儿子是皇上钦点的状元，相比之下你比我差远了。"

先生的父亲听完这番歪论，哈哈大笑，就再也不奚落他了。

此则故事是"借力使力"方法的典型代表，既贬低对方又夸奖对方。这位先生尽管在仕途上不及其父与其子，但绝对是一流的辩论之才。他的"父亲"与"儿子"论看似荒谬，技巧却十分高超，终于说服了他的父亲。

由此看出，对于那些不能正面交锋的对手，使用这种"借力使力"的方法，不仅不会使局面难堪，反而能很好地说服对方。

生活中很多人自恃甚高，以为自己的口才一流，不顾及对方的感受，锱铢必较，态度恶劣。殊不知，这种方法十分愚蠢，缺少柔中取胜的意识，可能会获得一时的利益，但对方以后再也不会和你联系了。

比方说，我们买了某种产品，但质量出了问题，在去找厂家的时候，他们不承认是质量的问题，并告知你产品是经过多次检测的。此时，强硬的态度往往解决不了问题，不妨先肯定对方的说法，再在对话中找到驳倒对方的破绽。“您说的我也相信，但现在就是出现了问题，而且我们是按照说明书操作的。看得出来您的说明书写得很正规、详细，但是按照其操作就出了问题，请您解释一下。”如果这么说，对方一定无话可说，态度也不会太差。

在商场买东西，我们通常不会因为贵一点而放弃自己喜欢的东西，但往往买到的并不是很有价值的东西。其实，在商品买卖中，你买不到、对方卖不掉，是个双输的结果，此时你根本不需要反复地砍价，只要抓住对方的弱点，配以有效的攻势和技巧，喜欢的东西自然会属于你，且价格还不贵。而这中间最重要的是找到对方的死穴，没准一句话就能完全压住对方的气势，买到物美价廉的东西。

武侠小说中常常有类似的描写，练成绝世神功后，任你如何攻击都不能伤其分毫，但每种功夫必然有死穴，只要找到死穴，一招就可制敌。

第 17 章 唯“名”是从

名人是怎样说服别人的

在我们的印象中，说服别人或者求人办事只是普通人的专利，那些叱咤风云、呼风唤雨的名人是不需要求人，也不需要说服别人的。其实不是这样的，任何人都会有求于人，也都面临着如何说服别人的问题，名人也不例外，那么名人是如何说服别人的呢？

◎卡耐基：活用戏剧性的语言◎

要想说服别人，你的语言一定要形象、生动。

卡耐基认为自己事业上的成功绝大部分原因在于其人际关系处理得当，而并非深厚的专业功底。相对于专业能力来说，人际交往能力算得上是一种软本领了。

卡耐基认为，如果想和别人顺利而愉快地交流，那么最好谈论别人认为愉悦的事情；如果在此之上你还想给别人留下良好的印象，那么你就要谈论别人感兴趣的事情。

戴尔·卡耐基倾其一生研究人性问题，通过跨学科、跨领域的分析，自创出一套与人交流的模式，这也奠定了其“成人教育之父”的地位。因为这套模式，受到积极影响的人不可胜数，最为明显的则体现在口才方面。这里有一个例子：

卡耐基在纽约一直租用一家大饭店的礼堂作为其培训班的地点。中途他突然接到饭店的通知，此礼堂要租给别人作为晚会场地，除非他愿意付比原来高三倍的租金。于是卡耐基找到了饭店经理，首先对经理将礼堂出租给别人办晚会表示理解，因为作为饭店经理，最大的责任就是使饭店赢利最大化。接着，卡耐基说：“但是，你增加我的租金实际上达不到赢利的效果。一旦你增加租金，我就会找别的地方办培训班。但是你要想到，这个培训班的学员都是社会上中高阶层的人士，在你的饭店办培训班其实是在为你的饭店免费宣传，这个比花 5000 元做广告效果要好得多吧?”最后，饭店经理终于妥协，同意卡耐基以最初的租金在饭店继续办他的培训班。

在这个案例中，卡耐基首先迎合饭店经理的心理，再向其说理，分析利弊，告知其增加租金的不利后果，从而成功地说服经理放弃之前的想法。

卡耐基认为，如果你想要说服别人，你的语言就要尽量做到富有戏剧化色彩，为了做到这一点，你所表达的语言就一定要形象与生动。

有一个在非洲传道的牧师，一日他在给当地土著居民讲解《圣经》时，读到了“你们的罪恶虽然是深红色，但也可以变成像雪一样白”，他顿时陷入了思索。因为热带的居民根本就没有机会见到雪的样子，他们也不可能知道雪的颜色。但是他转念一想，当地常见的椰子肉也是白色的，这样比喻能更有利于居民理解。于是，他将这句话改为："你们的罪恶虽然是深红色的，但也可以变成像椰子肉一样的白。"牧师用"椰子肉的白"代替"雪白"，实际上就达到了语言形象与生动的效果，从而使他的表达富有戏剧性。

1. 语言代表自己的修养

卡耐基曾经将这个故事作为例子与大家分享。

一个英国人在费城，失业后穷困潦倒。一日，他走进富商保罗·吉彭斯的办公室想谋求一份职位。当时他穿着十分寒酸，这对他的形象很不利。但是，从他和吉彭斯先生开始对话的那一刻开始，一切发生了改变，他们的谈话进行了一个多小时。就在这次谈话之后，他获得了一份很好的工作。而他获得工作的秘诀就在于，他有超乎常人的英语表达能力。

上面的故事告诉我们，如果我们要提高自身修养，首先要做的就是要增强自己的语言表达能力。实际上，故事中的英国人毕业于牛津大学，自身能力很强，由于在美国从事的商业任务失败，他被困美国。但是在这样不利的条件下，他仍然可以凭借自身的内在魅力，尤其是英语表达能力获得工作。所以，我们要时刻注意自己的言谈，因为我们的言谈举止是我们修养的体现。

2. 善用谐音，平淡即为神奇

谐音的利用可以对你的表达起到画龙点睛的作用。卡耐基很喜欢中国的文字，因为中国字里面包含了无穷无尽的谐音。在说话的时候，巧妙地利用这些谐音会起到意想不到的效果。比如，运用谐音可以在你不愿意直接指责某人时，委婉地表达你的批评。

有一次，一个小伙子向老汉问路，很无理地说：“喂！去索家庄该走哪条路？还有多远?”老汉很不满小伙子的无礼，便应道：“大路一万丈，小路七八千丈。”小伙子困惑地问：“怎么这里论丈不论里?”老汉回道：“原来你也会讲‘礼’?”小伙子这才明白自己刚才失理了，赶紧向老汉赔礼道歉。

谐音的用处还在于，当面对一件事情而你不方便直接表达你的态度时，运用谐音可以婉转地表达你的意见。

郑板桥曾经在做县令时逮捕过当地一个著名的恶棍。此恶棍的伯父和舅舅连忙登门求情，恶棍的舅舅和郑板桥是同科进士，希望郑板桥能看在往日的交情上放过这个恶棍。在酒席上，进士提出要行酒令，他一手拿着刻有“清”字的骨牌，说道：“有水念做清，无水也念清，无水添心便念精。”郑板桥说道：“此话差矣，无水添心当念情。”说完后，郑板桥便意识到自己中了计，赶紧接着说道：“究竟换心方讲情，此处自古当讲清，老郑身为七品令，不认酒精但认清。”看到郑板桥态度坚决，两人只能作罢。郑板桥巧妙地运用谐音表达了自己公正不阿、绝不包庇徇私的态度。

除上述作用外，在别人挑衅时你也可以运用谐音予以还击。

李白和唐朝宰相杨国忠是对头，他总是想尽办法嘲弄杨国忠。一日杨国忠约李白对三步句。李白刚进门，杨国忠就说道：“两猿截木山中，问猴儿如何对锯?”李白一听，说道：“请宰相起步，三步内对不上，算我输。”杨国忠便起步，李白于是说道：“一马隐身泥里，看畜生怎样出蹄!”这对杨国忠的上联刚好，杨国忠本来想奚落李白，到头来反被李白羞辱。

◎林肯：在不同的场合随机应变◎

有效的说服，需要精心的准备。

一直以来，林肯都认为其成功的一个重要因素在于能够有效地说服。然而，要做到这点，需要精心的准备。

作为美国著名的总统之一，林肯除了拥有卓越的政治领导能力外，还是一个演讲大师。青少年时期的林肯因为家境贫困做过各种零工，其间发生过的许多小故事都被流传下来，显示着这位总统超乎常人的口才与机智。

早在读书时，有一次考试，老师给了林肯两个选择，回答一道难题或者两道容易的题目，林肯选择了前者。于是老师问：“鸡蛋是从哪里来的?”林肯答道：“鸡生的。”“那鸡是哪里来的?”“老师，这是第二道题了。”

从上面这个故事中足见林肯的机敏，而下面的故事则告诉我们，有时候说话往往比拳脚更有影响力。

因为出身低微，在当上总统后，林肯常常受人侮辱。有一次他的一个手下传给他一个纸条，上面写着“笨蛋”两个字。林肯看到后幽默地说：“这个纸条怎么只有名字，没有正文?”

一句话巧妙化解了别人恶意的攻击，还给自己以可下的台阶，更显其胸怀宽容。同样地，在请求别人帮忙时，林肯也有其独到的表达技巧。

有一次林肯步行到城里，看到一辆车经过，便扬手让车停下来。他对司机说：“能不能帮我把这件大衣捎到城里去?”“可以啊，但是怎么将衣服给你呢?”林肯笑着说：“很简单，把我裹在大衣里就可以啦。”

当你对一件事情很不满时，往往会带着情绪表达，这样很可能收到同样不满的回应。这时林肯告诉我们可以用行动来表达，这样往往会起到事半功倍的效果。

林肯曾经当过律师，在一次出庭时，对方律师很拖沓，一个简单的证据来回陈述了两个多小时。终于等到林肯发言，他走上台，先将大衣脱下，然后喝了几口水，接着穿上大衣，然后又脱下大衣再喝水，这样的动作重复了好多遍，大家都被他的行为逗乐了。之后，他才开始辩护。

林肯用幽默俏皮的行动语言，恰当而不失尖锐地表达了自己的不满，博得了大家的认可。此外，林肯的经历还告诉我们，有时候自嘲也是一种对别人的攻击。

林肯有一张长脸，一次他和斯蒂芬·道格拉斯辩论，被道格拉斯攻击为两面派。林肯答道：“如果我真的是两面派，我还会带着这张难看的面孔吗?”

有时候转化一下思维，会让你的对手无话可说。

有一次，一个外国外交官看见林肯在擦皮鞋，就说道：“总统先生，您竟然擦自己的皮鞋?”林肯反问道：“你难道还擦别人的皮鞋?”

原谅敌人，是最大的宽容。有人不认同林肯的政治手段，觉得他对政敌太心慈手软，于是对他说：“为什么要让政敌成为朋友呢？我们要做的是消灭他们才对。”林肯答道：“当他们成为我的朋友时，政敌也就不存在了，这就是我消灭他们的方法。”

林肯也善于使用以其人之道还治其人之身的策略。

有一次，一个妇人找到林肯，理直气壮地要求他给她的儿子上校的职位，并开始细数她一家三代对国家的贡献。林肯说道：“夫人，您一家为国家贡献得实在太多了，我表示深深的敬意。现在您能不能给别人些为国效力的机会?”那妇人只好灰溜溜地走了。

当需要强调一个要点时，林肯常用的做法就是：很快地说出头几个字，当说到关键词时，他会拉长声音，并一字一句说得很重，待说完关键词后，再快速把其他字说完。

林肯常用这种方法，因为这种停顿必然会引起别人的注意。例如，当你用正常语速说出“三百万美元时”，也不会觉得是很大的一笔数目。但是当你用缓慢、厚重的声音说出“三万美元”时，你会觉得这是一笔很大的数目，就仿佛三万美元比三百万美元还要多。

林肯还经常在谈话中停顿，配以身体语言：当他说到要点，并且希望给别人留下深刻印象时，会前倾身体，望着对方的眼睛，但是一句话也不说。

在林肯的最后一次演说中，他突然停了下来，沉默地站着，深邃的眼睛望着前方的观众。一分多钟后，他说道：“今天我要说的问题非常重要，比任何个人的利益都要重要。我和道格拉斯法官被选入参议院与这个问题相比根本无关紧要。甚至在几十年后，当我们已经进入坟墓，这个问题还将存在并延续。”

林肯在说话时，除了在要强调的话前会停顿外，在说完要强调的话后，他往往也会停顿，以此来表明这些话的重要性，同时也给观众时间，让这些话慢慢深入观众的内心。为林肯作传的一位作者说道：“林肯说话的态度以及他说的那些话，深深地打动着听众的内心。”

正如上面所说，林肯喜欢用肢体语言来表达自己的思想，时常用夸张的肢体语言来强调所表达的东西。

在演讲的过程中，他的动作和他的语言会融为一体，显得那样的自然。在宣传他的思想的过程中，他右手的手势起到了很大的强调关键语言的作用。

在表达不同的感情时，他会表现出不同的动作。高兴的时候，他会高举双手来表达渴望拥抱的感情；表达厌恶的时候，他会挥舞双拳以表示憎恨。但他的姿势只是小幅度的变化，而且不会在台上来回走动，而且他的姿势动作皆非常坚定而有力。

林肯的经典姿势“左手抓住外衣衣领，拇指向上”被著名雕塑家雕成一座雕像，放置在公园。

在日常交流中，利用姿势可以很好地表达我们的想法，甚至一个眼神也可以让对方立刻明白我们的意思。

◎马克·吐温：既要讽刺，也要幽默◎

马克·吐温式的讽刺和幽默暗含着高尚的人格和伟大的智慧。

马克·吐温十分看重自己的语言风格。他曾说过："我们自己用的得意的词汇，其实绝非来自我们自己。属于我们自己的无非只是依照我们的脾气秉性、所接受的教育、所处的环境与社会关系而做的些修改而已。只是这么点修改，使之区别于别人的表达方式，打下了我们特有风格的烙印，暂时算作是我们自己的东西。别的统统都是些陈年旧货，是几千年几百年以来世世代代的人说过的陈词滥调而已。"

马克·吐温不仅是著名的文学家，还是杰出的演说家和幽默大师。与其他作家不同的是，他的作品处处流露着幽默的光辉。有时候他的幽默也可以作为一种武器，赤裸裸地刺向权贵。他的长篇小说《镀金时代》轰动一时，抨击了腐败的政府以及贪婪无耻的资本家。

在一次酒会上，一位记者请马克·吐温谈谈对政府的看法。马克·吐温气愤地说道："国会议员有些就是狗娘养的。"马克·吐温的话被报道后，议员十分愤怒，要求他出来道歉或者澄清，否则就将他告上法庭。于是后来在另一个场合，马克·吐温发表了另一份声明："上次在酒会上发表的言论我觉得不符合事实，考虑再三，我将上次的话更正为：‘美国国会中有些议员不是狗娘养的。’”

马克·吐温总是用幽默来表达讽刺，他不会对权贵大吼大叫，也不会对他们马首是瞻，而是用自己独特的风格来表达心中的不满。上面的例子就很精彩，他没有重复自己的话，反而用相反的表达达到抨击权贵的目的。下面两个例子也充分反映了马克·吐温的机智。

在一次宴会上，他对一位贵妇说：“夫人，您真的太美丽了。”但那位夫人说道：“但是很抱歉，先生，我不能用同样的话赞美您。”机智的马克·吐温答道：“那您其实可以和我一样说假话。”

一个富商对马克·吐温说：“我想借用您的大名为本公司商品做个广告。”马克·吐温说：“没问题。”第二天在报纸上看到署名马克·吐温的如下内容：苍蝇妈妈有两个儿子，她十分珍爱这两个儿子。一天，母子三人飞到某公司的商店，小苍蝇去品尝有着精美包装的糖果，忽然毙命。另一只小苍蝇吃了口香糖，也突然一命呜呼。苍蝇妈妈万分难过，意图自杀，于是她扑进一张苍蝇纸上，但是尽管大吃特吃，她还是安然无恙！富商看到后，气到要吐血。

马克·吐温之所以有那么多关于语言的经典故事，与他平时爱读书和苦读书不无关系。

马克·吐温曾经收到过一个青年写来的求教如何成为大作家的信，信中写道：“鱼肉里面有很多有利于脑子的磷质。成为大作家，肯定要吃很多鱼吧？你吃了什么鱼，吃了多少啊？”马克·吐温回答道：“照这个样子看，你需要吃一头鲸鱼才可以成为大作家。”

马克·吐温可以用幽默的语言提出婉转的要求，让对方没有招架之力，还会欣然满足他的诉求。

有一次，马克·吐温住旅馆。住之前，老板告诉他这里蚊子很厉害，结果有一只蚊子在他登记房屋时飞过来，马克·吐温说道："贵地蚊子果然聪明，它竟然先偷看我房间的号码，趁晚上饱餐一顿。"服务员听后"扑嗤"一下就乐了，立马前去为他做好防蚊灭蚊工作，那晚马克·吐温睡得很安稳。

当我们的想法与别人冲突时，如果我们想让别人认同我们，简单的语言往往是不够的。马克·吐温的经验告诉我们，表演是一种好办法。

有一次，马克·吐温在朋友家吃饭，有几位客人总是很吵，令他厌烦。他看到身边有位漂亮女士，想到了一个办法。他对女士说："夫人，请您装做听我说话的样子，别人一定好奇我们谈话的内容，想听我们说什么，这样他们自然会安静。"接着，他们假装谈论，果然客厅马上安静。这时，马克·吐温说："我和这位女士实际是在演习，为了制止喧闹。我们聊天时也要注意文明，以免影响他人。我们演完戏了，大家没意见吧?"那几个人顿时羞愧万分。

◎本杰明·富兰克林：口才是可以锻炼的◎

富兰克林的口才并不是天生的，而是通过后天的努力获得的。

作为 18 世纪美国的科学家、社会活动家与实业家，富兰克林对美国的发展作出了巨大贡献。在科学领域，他发明了避雷针、里程表和双焦距眼镜，这些贡献是无与伦比的；在政治领域，他有着卓越的成就，起草了美国的《独立宣言》，为建立美国民主制度而斗争，为黑人解放发表演说；同时，作为一个出色的外交家，他又发挥长处使美国在独立战争期间得到法国的支持。

除此之外，值得人们称道的还有他的口才。在口才方面，富兰克林经常以柔克刚，这令很多人心服口服。

富兰克林曾经在宾夕法尼亚立法机构任职，在那里有一位处处与他作对的立法者。但是富兰克林最终赢得了政敌的尊重，他是这样说的：委曲求全的方法是行不通的，后来，我萌发了新的想法。知道他有一本稀世奇书，我写了纸条给他，希望能借书几日。他立刻借给了我。我读完后还书给他时，顺便夹了张纸条，表达我对书的喜爱。后来有一次我们在国会见面，他竟然礼貌地对我说了话。此后我们成了朋友，我们的友情一直延续直至他去世。所以，有句格言真的很有道理："为你做过好事的人，比受过你恩惠的人，更能为你提供再次帮助。"

他的这一思想影响很大，多年后，乔恩·杰克和大卫·郎迪还试图通过实验验证他的说法：参加实验的人被要求先从研究员那里赢些钱，但是一组被要求归还赢来的钱，另一组没有被要求。然后，所有参加实验的人要匿名投票是否喜欢这位研究员。事实证明富兰克林是对的。被要求还钱的人对研究员更有好感。

富兰克林总是言行一致，在帮助了他不喜欢的人后，他就会想这个人也许是有优点的，不是那么讨厌的。

这个方法发挥作用的范围很广。例如我们经常需要别人的帮助，但别人并不一定都喜欢我们。我们可以用主动请求别人帮助的方法来改善和他人的关系。如果我们不主动求助别人，那么同他们的关系或许就不容易改善。

富兰克林认为，向讨厌的人求助不是件容易的事情。但是反过来想想，既然别人不喜欢你，那么开口求助最多也就是换来没有好感。所以，开口求助吧，这样做无论结果如何你都不会有损失的。

语言表达能力是后天练习的结果，而并非先天的本能。口才的完善需要长时间的磨炼。富兰克林的好口才也并非天生具备。最初其实他并不善言辞，反而经常因言语不当而惹恼别人。

一天，一位老朋友对他说："本，你真是没得救了，你令每一位与你意见不一致的人饱受打击。你的朋友跟你在一起时都很不自在。所以别人不打算告诉你什么，因为你总是狗咬吕洞宾，不识好人心。所以，你的知识也就局限于现有的水平了，因为你不可能接受新知识了。”

但是富兰克林最后却练就了完美的口才，得到了大家的赞誉，他是怎样做到的呢？

老朋友的话震撼了富兰克林，他下定决心改掉这个毛病。他接受了朋友的意见，定了一条规矩：我避免用独断的词语例如“无可置疑”、“显而易见”等来表达自己的意见，我要改成用“我想”、“我觉得”这类词语。当别人的意见与我不一致时，我不会直接否定，我会说：“也许你的说法在一定情况下是可行的，但是现在似乎有些不妥。”当反驳别人时，我会说：“我有些看法，但不知是否正确，如果有错误，我乐意随时接受指正。”

后来，他十分注意自己的言行，会特意把所有想法谦逊地表达出来，不说一句惹人厌的话。他十分尊重别人，即使别人有不对的地方，他也很温和委婉地表达。当自己有错误时，他会立刻承认。他经常告诉自己，不要做一个雄辩者，因为我和别人谈话时会因为选择措辞而变得迟疑，不过我依旧可以表达自己所有的思想。

事实证明，富兰克林的强制性习惯以及毅力是练就他好口才的关键。此外，他会时刻注重自己的言语修养。他甚至做了一张表格，上面有他需要学习的美德。在改掉坏毛病的过程中，他最初需要很大的毅力，后来就习惯成自然了。

富兰克林说：最开始使用这种方法的时候，会觉得很不习惯，但是日子久了，就慢慢地觉得习以为常，融为自我的风格了。这么多年过去了，再也没人说我武断了。用谦虚的方式表达更容易让人接受。后来我和别人在一起，气氛融洽多了。所以，我在修改旧议案时得到了广泛的支持。

富兰克林并非一直像上文所说的那样温和，有时候他也会有另一种智慧。从下面这个例子，可以看出他也能用辛辣尖锐的说辞来表达自己的观点：有一项法律实质上规定了有钱人才能当选议员，他批判地说道："想当议员，就要 30 美元。这样说来，我有头驴，它值 30 美元，有了这头驴，我就可以当议员。如果我的驴死了，我就不能当议员了。那么，到底谁才是议员？是我还是我的驴？"

第 18 章 ╱ 因势利导
顺势说服那些想改变的人

有些人本来就想接受你所提供的建议，因为那正是他们想要的。然而因为种种原因，他们不愿意承认，甚至不愿意接受你的建议。这时，你就得改变策略，不能强硬地将你的建议抛给他们，要用顺水推舟的方式将建议传递给他们。

◎要学会顺水推舟◎

顺水推舟，既能给对方留面子，又能给自己带来想要的效果。

与人相处时，经常会有这种情形，那就是遇到不得不说却又不好直说的事情。在这种情况下，可以用顺水推舟的方法。

借助别人奠定的基础，顺势一推，顺利解决问题，这就是顺水推舟。

武则天在位时，天下禁屠。御史娄师德来陕州巡视，在吃饭时，厨子端上了肉。娄师德就问：“哪儿来的羊肉？不是明令禁屠了吗？”厨子回答说：“豺咬杀的羊。”豺狼知道娄大人大驾光临，就咬死羊。这充分体现了主人对厨师的教导有方。既让来客吃上了肉，也没有破了规定。只需轻轻一推，一切就顺流而下。娄师德便夸赞“豺大解事”，其实他自己也心知肚明，只是没有戳穿而已。

顺水推舟，既可以使自己免受损失，又可以保全别人的颜面，一举两得。

一次，一位外宾就餐完毕，顺手将餐桌上精美的景泰蓝筷子放入自己口袋。服务小姐看到了这一幕，没有当场揭穿，而是迎上前去，说：“先生，发现您对我国景泰蓝的食筷爱不释手。感谢您对我国艺术的欣赏，为表感激，我们经理决定将这双食筷赠予您，并参照最优惠的价格，记在您账上，可以吗?”外宾当然明白话中的玄机，表达谢意后，他欣然接受了服务员的提议。

中国的景泰蓝是世界一绝，外宾十分喜爱，想占有筷子也可以理解，但是如果放任其发展就会产生严重后果。所以，必须要制止，但是如果直接揭穿别人，那样会在国际上造成不良影响。服务小姐顺水推舟，既使自己免受损失，又保住了外宾的脸面。

所以，当你遇到难题时，多想想顺水推舟的技巧吧。

◎别强迫别人选择◎

别强迫别人，如果你让对方觉得这是他自己的意见的话，自然会事半功倍。

被强迫买东西当然会使人感到不快。但如果是遵照自己的意愿买了东西，那么自然不会不快。同样的道理，在说服别人时，如果能让对方觉得你的意见其实乃是他自己的意见，这样不需唇舌，对方自然就被说服了。

在罗斯福当州长的时期，每次为重要职务选择合适的人员时，他总是与其他政治家共同商讨。他总是以各种理由否决掉政治家推荐给他的不中意的人选，或者充分感谢政治家提出的他中意的人选，但他尽量不去自己提名人选。这样，政治家们会感觉到候选人的推出有自己意志的体现，就不会提出异议。

爱德华·豪斯上校对威尔逊总统的影响远远大于内阁成员的影响，因为这位上校懂得使用适当的方法向总统表达并让总统接受自己的意见。对于这一方法，他曾在某次谈话时说道："想让总统支持你的想法，最好就是转变他的思路，使总统产生兴趣并认为这是自己的想法。这种做法我在第一次尝试时就取得了良好的效果。我曾经不认同总统的政策，使用这种方法后，令我惊讶的是，总统竟然将我的想法作为自己的观点提出来了。”

当然，豪斯不会打断总统说这是自己的想法，因为他需要的只是结果，所以有时候他还会大声夸赞威尔逊总统的决策正确。所以，我们要学习豪斯，因为身边有很多人跟威尔逊总统一样。

◎不要硬碰硬，要懂得刚柔相济◎

事实证明，刚柔并用是一种有效的说服术。

绵里藏针与刚柔并济不同，绵里藏针注重礼貌和示弱；刚柔并济则注重通过温柔与强硬并用的方式，让对方认同自己。

以柔克刚是松下幸之助的强项。一次，他的部下犯了大错，松下幸之助一边责骂助手，一边还用挑火棒敲地板以宣泄心中的不满。骂完了，幸之助说：“我太激动了，挑火棒都被我弄弯了，你可以帮我把他弄直吗?”

部下立马就把挑火棒弄直了。松下接着赞美他说：“啊，你真是手巧啊!”部下的不满立刻就消失了。这还没完，等下了班，部下回家时吃了一惊，原来太太准备了美酒佳肴等他回家，并告诉他是幸之助打电话来让准备的，以此佳肴让他消气。这位部下顿时觉得幸之助是如此贴心关怀自己，完全不把他激烈的批评放在心上了。

作为一个著名的管理者，松下幸之助很懂得刚柔并济。始终掌握主动权的他既让部下认识到了自己的错误，又给了他工作的动力，真是有智慧啊！

这个道理其实就跟生活中对小孩子的管教一样，在必要的情况下，既要威严教导，又要在适当的时候柔和宽慰。比如在劝小孩吃药时，既要明言申明“有病必须吃药”，又要伴之以糖水送药，如此既能达到用药治病的目的，又能让小孩子欣然接受。

◎学会退避三舍，以退为进◎

在双方不能达成一致时，适时地暂停协商，采取“走为上”的策略，可以使双方冷静地考虑各自的情境，实际上是一种以退为进。

在双方不能达成一致，互不相让的时候，“走为上”的策略可以使两方冷静地考虑双方的局势。这种谈判策略在实践中确实能为使用者带来利益。实际上它就是一种以退为进的策略。

在军事实践中经常使用“以退为进”的手段，即在局面胶着的情况下暂时退让，伺机行动，待战机到来时一举获胜。谈判中也是一样，在不能继续谈下去的时候就要适当暂停，既不勉强续谈阻塞退路，也不妥协让步拱送机要。

虽然有时候双方在谈判中都互相作出了大的让步，但和谈判的目标还相去甚远。在有共识的基础之上，如果我方占优势，便可以退为进，在作出一定条件上的退让后，让对方同意我方的关键条款。当然，为了不让对方识破，这需要娴熟的谈判技巧。

早在第二次世界大战前日本松下公司就和荷兰飞利浦公司有业务往来，二战爆发后则暂时中断。战后松下积极寻求与飞利浦继续合作，以发展自己。最初，飞利浦要认购30%的股份，松下还需再支付6%的技术报酬。松下表示愿意支付技术报酬，但认为合资公司经营管理都是日方承担，所以飞利浦也要支付其“经营酬金”。

飞利浦对松下的要求很吃惊，作为二战战败国的日本，国力虚弱，此时松下公司竟然提出条件，将自己置于与飞利浦同等的地位，这使飞利浦难以接受。

因此，双方一直处于僵持状态。松下的代表高桥为人刚强，再三表示自己“宁为玉碎，不为瓦全”，绝不因自己是战败国的公司而在商业合作中苟且退让。在这样强势的松下代表面前，飞利浦担心松下另寻找其他合作伙伴，因此失去进入日本市场的先机，所以就退后一步，以略增认购股份为条件，同意松下的要求，在既不影响自己大局利益的前提下，成功达成与松下的合作。

由上可见以退为进是一个很好的谈判策略，尤其是在即将达成协议的关键时刻，适当的退让是谈判成功的保障。但在实践中，以退为进一定要掌握好尺度：既要果断、坚决，不让对方看见自己真正的意图；也不要让对方绝望，始终让对方看到希望。

◎善于示弱◎

偶尔的示弱在说服中能取得意想不到的效果。

善于示弱以求得别人的同情，是会说话、能做事的人经常使用的一种策略。恰当的示弱并不能说明自己实力不强，反而能让自己更易获得他人的帮助。在关键时候如果能沉住气隐藏自己的实力，往往就能取得出人意料的效果。

共称“三徐”的南唐钟陵人徐熙和广陵人徐铉、徐错两兄弟，曾在江南声名卓著。此三人都有渊博的学识、广泛的见闻，而其中徐铉最为优秀。有一次恰逢徐铉被派遣前去纳贡，按照惯例，要由朝廷派出官员做押伴使。由于自觉自身才识不如徐铉，满朝文武都生怕中选。宰相赵普也没了主意，就去请示宋太祖。太祖告诉他：“你先退下吧，朕来选。”

于是，过了一小会儿，宋太祖颁布圣旨，命殿前司写出十个殿中侍者的名字送上来，并且这十个人必须都不识字。殿前司将写好的名单托宦官交给太祖，太祖在名单上随笔一挥，点了其中一人，对宦官说：“就这个吧。”这一举动令朝中官员颇为不解，而赵普也不敢多问，就通知那人赶紧动身上路了。

一上船，徐铉就开始跟那人侃侃而谈，论古博今，周围的人都为之称赞。那位侍者由于不能进行对答，只好频以点头作为回应。这样连着好几天，那人都是如此作答，也不与徐铉论辩，徐铉一人说得枯燥无味，也就不再对他说了。

在这件事中，宋太祖显然棋高一着，他用的是兵家之上策——不战而屈人之兵。宋太祖让殿中不识字的侍者去与博学善辩的徐铉作伴，是所谓以愚者回应智者，两者没有什么交集，鸡同鸭讲，智者自觉乏味，当然无从争较；如若让两个智者在一处，往往就会争到面红耳赤也难分输赢。

曾经有一位记者为了获得一位政治家的丑闻而去采访他。可是还没等寒暄，政治家就告诉记者：“你可以慢慢问，我们的时间多得很。”一句话，就让记者对这位政治家宽容坦然的心态颇感震惊。

没一会儿，侍者送来了咖啡，政治家呷了一口，突然叫道：“太烫了！”咖啡杯也掉到了地上。等侍者打扫干净，政治家又将香烟倒着插入嘴中，想从过滤嘴处点火。记者看到赶忙说：“您的香烟拿反了！”听到这话，政治家赶紧将香烟拿正，却又不小心将烟灰缸碰到了地上。

记者对平时正襟危坐颇有威严的政治家一连串出了如此多的洋相感到很意外，于是渐渐地那种敌对情绪消失了，他对政治家产生了一种亲切感。在接下来的采访中，他对政治家的丑闻自然也多了一份基于人之常情的理解与回护。

其实，这一系列的事情都是政治家故意作出的。当发现这些优秀的尤其是趾高气扬的大人物也有很多常人的弱点时，人们原先对他所抱有的恐惧感就消失了，而且基于同情心，他们甚至会对对方出手相助，从而建立起一定程度的亲密感。

◎用对方喜欢的方式说服对方◎

站在对方的角度，发掘对方的需要，用对方喜欢的方式说服他。

如果我们想说服对方，那么就要充分考虑对方的处境。如果我们用一些不着边际的理由来进行劝说，只会使事情变得糟糕。所以，如果我们想以一种温和的不易引起对方反感或厌恶的方式来说服对方，那么一个可行有效的方法就是设身处地地从对方的角度来看待问题。当我们有求于人的时候，如果想让对方接受自己的请求，就应该站在对方的角度上多想一想什么才是他们最需要的，只有这样，你才有可能成功将对方说服。

有一个牧场主养了很多只羊，而他的猎户邻居则恰好在院子里养了许多凶猛的猎狗。这些猎狗经常跑到栅栏另一边来骚扰牧场里的小羊。牧场主三番五次地请求猎户看好自己的猎狗，而猎户只是口头上答应，实际上并没有采取行动。没几天的工夫，他家的狗又跑到栅栏这边来，还将几只小羊羔都咬伤了。

这下牧场主的怒火终于爆发了，他直接去镇上找来了法官给自己评理。法官听完牧场主的控诉后对他说：“我确实可以惩戒那个猎户并发号施令使他管好自己的猎狗。但是如果这样做的话，他就对你产生了敌意。那样，你们就做不成友好的邻居了。你想这样吗?”

“我当然不希望邻居成为我的敌人，”牧场主答道。

“好吧，我给你想个办法。”于是，法官私下对牧场主做了如此如此的交代，牧场主听后高高兴兴回去了。

回家后，牧场主就听从法官的建议，从自己养的羊群里挑出三只最可爱的小羊羔，抱着它们来到了猎户家。此时，他发现猎户正在培养三个儿子的驯狗本领，就对猎户说：“你看看你的几个儿子长得都好健壮可爱啊，肯定都如您一般勇敢。”猎户听到牧场主这样说，不好意思起来，答道：“我也不知道带他们玩什么，于是就领着他们驯狗，也算是长本领了，这怎么称得上是勇敢呢?”这时，牧场主将带来的三只小羊送到猎户的三个儿子面前说：“我们是邻居，送你三只小羊羔，让孩子逗弄着玩吧。”看到如此温顺可爱的小羊羔，孩子们欢天喜地地拍手叫好。于是，他们每天放学后都在院子里跟小羊们玩耍嬉闹。由于怕自己豢养的猎狗咬伤小羊，猎户只好将猎狗们关进了自己做的大铁笼里。自此，牧场主的羊群再也没有受过猎狗的袭击，而两家邻里的关系也变得亲密融洽了。

为了感谢牧场主给自己儿子带来如此珍贵的礼物，猎户每次打猎回来都将自己猎到的各种野味分一些给牧场主。而牧场主作为礼尚往来的答谢，也将一些羊肉以及奶酪送给猎户和他的儿子们。慢慢地，两家成了很好的邻居。

那位法官是明智的，他让牧场主设身处地为猎户着想，猎户为了使自己的孩子们玩得开心，就不得不将猎狗拴好。而且，人无完人，每个人都有犯错的时候，如果直接提出其缺点甚至进行批评，对方很有可能不会接受。

设身处地地站在他人的角度为他人着想，想他人之所需，能轻易获得对方的信任。从而，在对别人进行劝说的时候，也能减少争执与不快，甚至能增进彼此的友谊。

一位公司经理想利用自己在公司对客户资源的优势，开办一家新公司。为此，他联系了两名以前的同事，共同商议创业的事情。而他的这两位同事又迅速帮他找到了其他人手。而新的问题出现了，这个经理无法对这七个新的陌生伙伴建立信任。于是，他想到一个办法——每晚与一位新伙伴共同就餐以增进了解。而在这个过程中，他不仅向每个人交代了各自的职责，还分别对他们每一个人说："我们都一样需要成功，所以我们必须精诚合作，建立明确的共同目标！"最终，他们的计划得以成功——因为他们建立了共同的奋斗目标，对方想要的也是他们每个人共同想要的。

在这个例子中，他们之所以能够迅速建立彼此的信任感，增加相互之间的亲密感，是由于他们有着共同的奋斗目标，从而即刻消除了彼此的陌生感。因此，如果能够通过语言沟通等方式让彼此迅速消除隔阂，这将使事情的进展变得顺利起来。

而如果发现自己与对方的共同之处，就一定不要放过，要对其重点强调。为了拉近彼此之间的距离，即使这个话题涉及的内容很细微，如果能使彼此之间熟络起来，也要进行强调。有时，人与人之间的陌生感就是通过这些细小的共同点的发现而迅速消除的。人一旦找到彼此的共同点，就很容易放松地说出自己的真心话。而这种心理是我们每个人都有的。比如，如果两个陌生人发现他们是同一所小学的校友，即使那时二人并不认识，也会立马拉近彼此的距离，并且产生“自己人”的感觉。

因此，在跟人交谈交往过程中，如果能找到一些彼此的共同之处并拿出来进行强调，不失为迅速建立友谊的一种好方法。

而“我们”是在进行彼此交流过程中很重要的一个词语。比如，如果一个演讲者经常说“我认为”，会让听众产生一种距离感，而如果换为“我们认为”，则会使听众认为演讲者与自己是同一方的，更容易产生共鸣，从而建立团结意识。

另外，每次与对方见面的时候都能找到对方的一个优点并加以夸赞，也不失为拉近彼此距离的一种方式。

有一家商店的生意很红火，因为每一位店员都会跟来店里的顾客侃侃而谈。除了日常打招呼外，他们还会寻找一些顾客的优点加以赞美，使顾客有一个愉悦的购物心情。比如，店员会跟一位试衣服的太太说“您戴的这件首饰真漂亮”，并对另一位太太说“您今天的这个发型真精神”。

他们不只是盲目地进行夸赞，而是根据每一位客人的优点进行适当的夸赞。因此，进入这家商店购物的客人会觉得这些夸赞是由衷的、发自内心的，而不是违心的、泛泛的，从而爱上在这家店购物。

每个人都会有这样的心理——希望再一次见到赞美我们的那个人。

所以，当我们见到其他人尤其是陌生人的时候，可以试着找出对方的优点来加以赞美，增进彼此间的感情，拉近彼此间的距离。在聊天时，你也可以聊一下自己曾经做失败的事情，因为这更能使对方产生同情心，从而拉近彼此的距离。如果老是向别人炫耀自己有多成功，反而容易引起对方的反感，也容易给对方留下坏印象。